# スポーツのできる子どもは勉強もできる

GS 幻冬舎新書 248

スポーツのできる子どもは勉強もできる／目次

## 第一章　スポーツのできる子どもは勉強もできる

## 第三章　脳体一致で生きよう　101

図版作成　美創

# 第一章　スポーツのできる子どもは勉強もできる

「勉強は頭で、運動は身体《からだ》でする」。日本社会には、そう考える風潮がある。「頭が良いから勉強をさせる」「運動神経が良いからスポーツをさせる」というのは、子どもを持つ親なら誰でも考える。そんな認識を深代千之東京大学大学院教授は、まったくの誤解、間違った思い込みだと指摘する。

## 勉強と運動は分けて考えないほうがいい

**深代**　勉強は頭で、運動は身体で……というのが一般的な認識です。でも漢字や九九を覚える、いわゆる勉強と、箸の使い方やボールの投げ方の動作を覚えることとは、脳の中の記憶の仕組み、神経の中を信号が通る道筋＝パターンをつくるという意味では、基本的に同じと考えてよいのです。実は勉強と運動は、分けて考えないほうが自然なのです。

そして、勉強して覚えたことは、文字を書いたり、キーボードをたたいたりして出力します。このような細かい動作は、走ったり、ボールを投げたりするダイナミックな動作と同じで、すべて脳の命令で筋肉が活動して生じます。それらは、運動の強度が異なるだけなのです。よく「身体で覚える」と言いますが、筋肉に記憶能力はありません。「身体で覚える」と言うときの身体も頭、つまり「脳が覚える」わけです。だから勉強だけでなく、運動も「脳」が行なうものなのです。

**長田**　人間の気持ちを表現するときに、胸に手を置きますが、心も気持ちも脳の働き、勉強するのも筋肉もすべて脳の活動ですね。

**深代**　その通り、常識として信じられていることでも、誤解されていることはけっこうあるのです。

## 器用・不器用は遺伝でなく環境で決まる

**長田**　一方で、小さい頃から「運動神経の良い子ども」や「飛び抜けて頭の良い子」がいます。運動会でも圧倒的に差が目立つ。遺伝や資質をどう考えますか。

**深代**　授業で学生に器用、不器用の原因を聞くと、環境よりも「遺伝」に手を挙げる子が多いですね。生まれ持った遺伝は、オリンピックに出場するようなレベルになると影響しますが、ふだんの生活では、まったく関係ないと言っても過言ではありません。

**長田**　一般社会での器用、不器用の違いをつくるものは、環境ですか。

**深代**　ボール投げや縄跳びなど、何かにトライしてすぐにできないと、親からの遺伝だと言ったり思ったりして、言い訳にするんですよ。多少の時間的な個人差があっても、練習すれば誰でもできるようになるんです。新しいことをやってすぐできる子は目立つけれど、その子はそれに近い動作を無意識のうちに過去にやっている。つまり脳が似たことを経験していて、「アッあれだ」と思い出して、適応するんです。

自分の身体のことをよく考えてみてください。利き手と非利き手があります。日本では一般的に、小さい頃に左手で箸を使っていると、右手で持つように修正されます。その結果、多くの日本人が右利きとなります。そして日本社会は、右利きに都合の良い「右利き文化」でできています。

裁縫用のハサミは右利き用で、左手で使おうとすると指が痛くて切りにくいでしょう。一〇〇円ショップで売っているハサミも右利き用がほとんど、駅の改札のＩＣカードをタッチする部分も右側です。日本は圧倒的多数の右利きに有利な社会です。ゴルフのクラブも日本で左利き用を探すには努力が必要ですが、アメリカでゴルフクラブを買いにいくと、まず右利きか、左利きか？　と聞かれます。そのくらいどちらも存在していま す。

しかし、右利きの人が事故で右手を失ったりして、しばらくして左手を練習すると、左手を巧みに使うことができます。利き手、非利き手は生まれつき決まっているものではなく、生まれた後に練習して決まってくるものだということです。

**長田**　野球の大リーグの松井秀喜選手やイチロー選手も右投げ左打ちです。ボクシングで世界チャンピオンになった元プロボクサー・浜田剛史選手も、生まれてからずっと右利きだったのに、小学生でボクシングを始めて、サウスポーのほうが有利だと感じて左手を利き手に変えたと聞いています。

**深代**　松井選手もイチロー選手も左打ちにしたのは生まれた後のことです。運動の上手い、下手も生まれつき備わったものではなくて、練習で後天的に獲得されたものだということを理解してください。

## 運動神経には「良い」も「悪い」もない

**深代**　ところで「運動神経」は、脳の発する信号が筋肉まで行く神経系の途中に必ずあります。そこは電気信号が通るだけで、その通り方に良い、悪いはありません。だから運動神経が良い、悪いと言う言い方は俗語なんです。

**長田**　運動神経の良い、悪いが俗語だというのは初耳です。要は脳の働かせ方ひとつなのだとすると、可能性を感じますが……。

**深代**　その通りです。脳を活性化させられれば、運動も勉強もできる可能性が高いわけです。

**長田**　では勉強と運動は対立しない。そのプロセスが同じだとすると、具体的なメカニズムは、どうなっているのですか。

**深代**　人間は生後、身体の中で、まず頭が大きく発達します。大きくなった頭の中には、三〇〇億とも四〇〇億ともいわれる神経が張りめぐらされます。そのときに、ものを覚えたり、運動したりすると、脳の中の神経の上を電気信号が走って脳の働きを活性化させるのです。ちょうど、日本中に高速道路を配備して、その上を自動車が走るようなものです。

この神経の上を信号が走る「道筋」が記憶のメカニズムです。つまり、何回も通っていると道筋ができて、道筋が形となれば、後で同じ道筋に信号を走らせると、同じ記憶がよみがえるということです。

神経の上を走る信号は電気ですが、次の神経に行くときには、シナプスという細いすき間があって、そこから飛び移るときは化学信号となります。シナプスから飛び移った信号は、再び電気信号になって、次の神経を伝わっていきます。飛び移ることを何回も繰り返すと、信号が飛び移るときにキャッチする神経側に化学変化が起こって、そこに行きやすくなり、道筋ができると考えられています。何度も練習すると覚えるというのは、脳の道筋ができるからというわけです。

この道筋をつくることを「脳・神経パターンの生成」と呼んでいます。脳・神経パターンの生成という点では、漢字や九九を覚えることと、ボール投げを覚えることに違いはありません。脳を活性化させることで、運動も勉強もできるようになる可能性が高いのです。

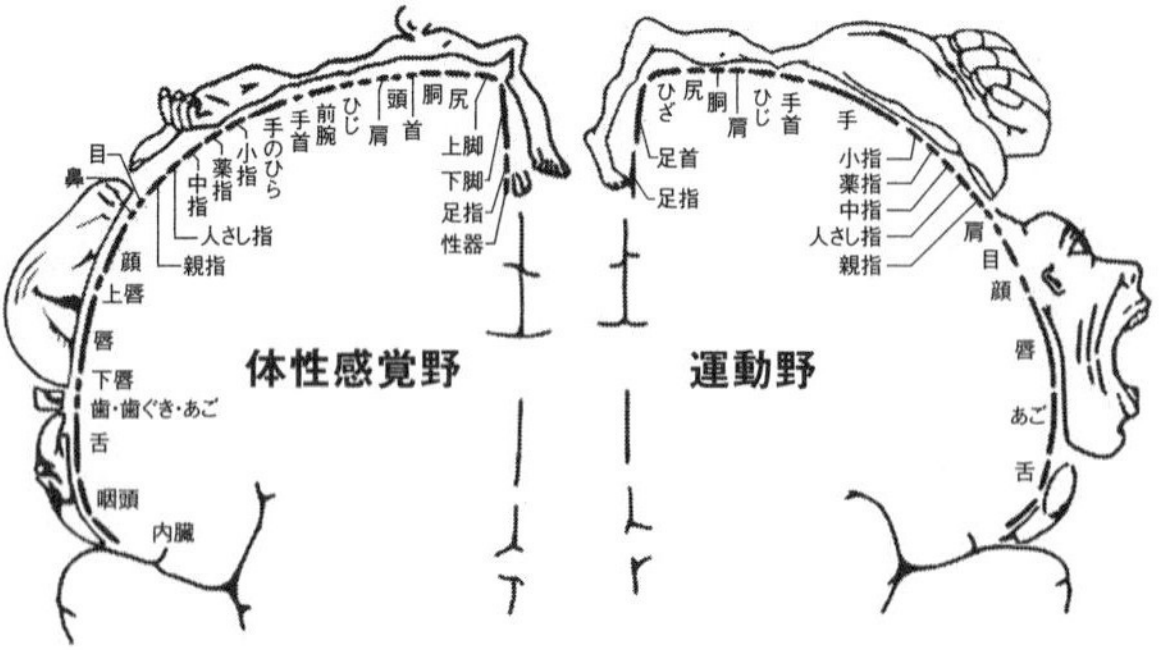


（後ろから見た）**左脳の断面図**
体性感覚野に沿って切ったもの

（前から見た）**左脳の断面図**
運動野に沿って切ったもの

※ペンフィールドとラスムッセンによる

**図1　脳の部位と全身の運動・感覚の対応関係**

## 身体を充分に動かせば脳も活性化する

**長田**　脳を活性化させる、イキイキと脳を働かせるコツを知りたくなります。

**深代**　それは脳全体を使うことです。朝、気分よく起きると、脳も「よく働くぞ」という気分になっている。脳は身体の中のありとあらゆるところとつながっているわけですから（図1）、それを万遍《まんべん》なく使う、運動させる。

　目とつながっている部分、熱さを感じたり、モノの硬さが分かる部分……と、フルに刺激を与えて、まったく電気が走らないという部分をつくらないようにしたほうがいいと考えられます。

**長田**　脳全体が働きたい、動きたいと感じるというのは、新鮮です。

**深代**　人間は脳も身体もすべて充分に活動して、疲れたら眠ることで進化してきたんです。二、三〇年前まで、人は普通に労働をして充分に身体を動かしていました。

子どもだって、学校から帰れば、外へ出て野原や空き地で、身体を動かし、心を動かし、子ども同士でコミュニケーションをとっていた。子どもの仕事は遊びだと言われていましたね。

## 一部だけを酷使し続けると脳は劣化する

**長田**　生活が便利になることで、身体の活動が減り、ひいては脳の活動も減少したわけですか。脳だけはよく使っているように感じていましたが……。

**深代**　ごく一部だけは、使うどころか酷使するようになりました。パソコン、ゲーム、元は、テレビ文化です。テレビなどの画像は正確に一秒が三〇コマでできています。

画像を見続けることで、脳の一部だけはヘンに疲労します。テレビを見ていて、眠くなる経験はありますよね。脳の一部だけが疲労しているのですが、布団に入って眠ろうとしても、身体全体は動かしていない、つまり身体は疲れていないので、眠りが浅い。起きてもぼんやりしてしまう。

今はマージャンをする人も少なくなりましたが、徹夜でマージャンをやり続ける場合も似ています。眠いような、眠くないような、脳の一部だけが興奮している状態です。

**長田**　脳のごく一部だけを使い続ける状態が慢性化すると、脳はどうなりますか。

**深代**　……劣化します。子どもは面白いからゲームをします。ゲームは売れるから、製作会社はどんどん開発にお金をかける。とんでもないお金を投入してゲームがつくられています。どんどん面白いものをつくっていきます。ゲームをする側のお客は面白がらせられている仕組みですね。ゲームで失敗すれば、リセットして、また始めればいい。長時間ゲームをやり続けることで身体を動かさない。

人の身体は二〇〇万年もかかって進化してきましたが、ここ二、三〇年でライフスタイルが激的に変化した。あらゆることが便利になった背景もあって、身体を動かさないで済むようになり、脳の一部だけが酷使されています。

## 社会の問題、身体の問題は、答えがひとつに決まらない

**長田**　ゲームの中ではバーチャルではありますが、殴り合い、殺し合いが続くものもあります。

**深代**　長時間続けていって、仮に勝利するとしますよね。結果として残るのは、エリート意識です。俺は何でもできるというものを育てる、錯覚を育む。

ゲームは形こそ異なるけれど、答えが必ずあるという点で、受験とも似ています。内容的には答えが必ずあるものをやり続ける。ところが社会に出たら、答えが見つけにくいものどころか、答えがないものだらけでしょう。そこでどうやって考えていくかが大事になります。答えが必ずあるという前提にたっているものばかりの中にいることは、とても問題です。

**長田**　答えがひとつというのは数学的なものですが、それ以外の科目では、正解とされるもののワクが広いものもあります。

**深代**　生物を勉強していると、答えがひとつじゃないことは多いですね。こうも言えるけれど、こうも考えられる。また一方で異なる考察もある、答えがひとつでないものを

体得することは大切なことです。

東大で理科Ⅲ類、つまり医学部を受けるのに、点の取りやすさから、生物でなく物理で受験する人も目立ちます。医学部は本来、生物で受験するのが基本だと思います。日本の生物の教科書には、カエルやフナのことばかり出てきます。欧米やお隣の韓国では「人間の身体」は理科で学習するんですよ。日本では小学校の理科に少しだけ人の身体が出てきますが、ほとんどは保健体育の範ちゅうに入っています。主要五教科と、それ以外とでは、重要度にかなり開きがありますよね。

## 運動をしっかりやらせないから子どもの学力が落ちた

**長田**　確かに分かりにくさの筆頭かもしれない生物としての人間、動物としての人間を勉強するのが主要五教科以外です。おまけと言っては言い過ぎでしょうが、一段下の位置づけですか。そもそも頭と身体、あるいは勉強と運動とを分けて考える土壌は、どこから来たのでしょうか。
**深代**　日本は、受験によって社会がコントロールされています。出身大学をベースにして一生の人間関係や立場が決まるという傾向さえあるので、どの大学に入るのかが非常に重要になります。大学のグループが一生続くことも多く、大学入試が社会構造の基盤をつくっているのです。

ですから、大学入試科目は、高校でも予備校でも徹底的に勉強させます。以前、文部科学省が必須科目として指定していた世界史を、大学受験科目にないからという理由でスキップしていた高校が多く見つかって、問題になったことがありました。このような例からみても、大学の入試科目が重要視されていることが分かります。

この大学入試を少し広い視点でみると、その内容は、知・徳・体の「知」だけを扱っていることが分かります。入試では、たとえば、どんなに品が悪くても徳は問われないし、身体の能力も問われない。その結果、知の受験勉強だけに集中して、他人の心を思いやれない、そして運動をしない子どもたちが増えました。いわゆる「キレる」子どもも増えていますし、体育の日の新聞に載る、日本の子どもたちの体力調査の結果をみると、今の子どもの体力は、昔に比べてかなり低下しているのが分かります。

最近では、世界でトップレベルだった学力も低下しています。経済協力開発機構（O

ECD）の学習到達調査では二〇〇〇年に一位だった数学的応用力が〇六年には一〇位にまで落ちました。

私は運動をしっかりやらせないから、学力も落ちたと見ています。日本の子どもたちは、勉強も体力も、そして徳も危機的状況にあります。しかし社会的には、学力で世界順位が落ちたら大きな話題になって心配されるのですが、体力低下はあまり気にかけられません。このこと自体が問題だと、私は思うのです。ここでも、知育偏重の結果が現れています。

## 「ゆとり」は与えられるものではなく自分でつくるもの

**長田**　一時期、実施された「ゆとり教育」は、教える内容を減らし、土曜日を休日にして、個々に合った個性を伸ばそうというものでしたが、見事なまでに見直されました。

**深代**　ゆとりは本来、自分でつくり出すものであって、与えられるものじゃないでしょう。大人だって「明日から六カ月休日にしなさい」と言われたら、初めの一、二週間はよいとしても、その後はかなり困る。いつも忙しいときは、休みたい、休日がほしいと熱望し、ついに仕事を整理して世界旅行に六カ月行くのなら、すばらしく有効でしょうけれど……。

ゆとりというものは自分でつくるものですよ。だらだらやったら二時間かかる勉強を一時間で終わらせて、遊びにいく……それが子どものゆとりの捻出で、腕の見せどころでした。与えられた、やることのないゆとり、ぼんやりした時間が増えたら、またゲームをするぐらいしか思いつかないでしょう。

教育というものは、基本的には、すぐ結果が出ないものです。一〇年先、二〇年先に結果が出る。だから逆に怖いものだし、誰も責任をとらない。

ただゆとりについては、急に日本の学力ランキングが下がったので大きな話題となり、学習指導要領をもとにもどしたり、土曜授業を復活させたのですが、体力低下についての対策は、それほど目立ちません。

## 「運動する子は勉強ができない」と思われる理由

**長田**　最近、都立高校の東大合格率が下がって、部活を週四回に制限し、夕方六時の下

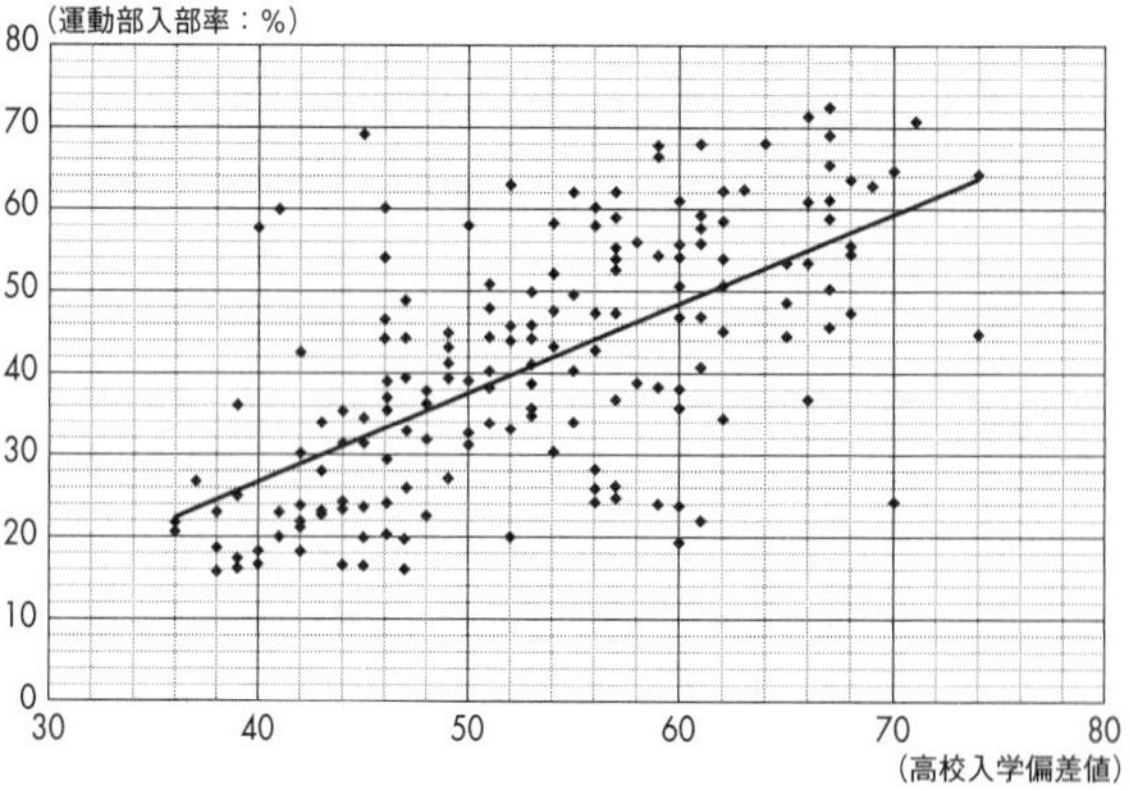


平成19年度文部科学省学校基本調査

**図2　中学生時代の運動部入部率と進学した高校の偏差値の関係**

校を厳守させようという対策を始めたと耳にしました。

**深代**　ナンセンスです。脳科学や生物学といった科学的根拠だけでなく、最近は疫学的にも勉強と運動の相乗効果についての調査と研究がなされています。

文部科学省は、二〇〇七年に学力と体力の関係を調査しています。図2は、高校入学の偏差値と中学校の運動部入部率です。全体的に見ると、運動部に入っていることと、偏差値の高い高校に進学することは、相関関係にあります。

図3も同じ時期の統計で四七都道府県の体力と学力の関係を示したものです。小・中学

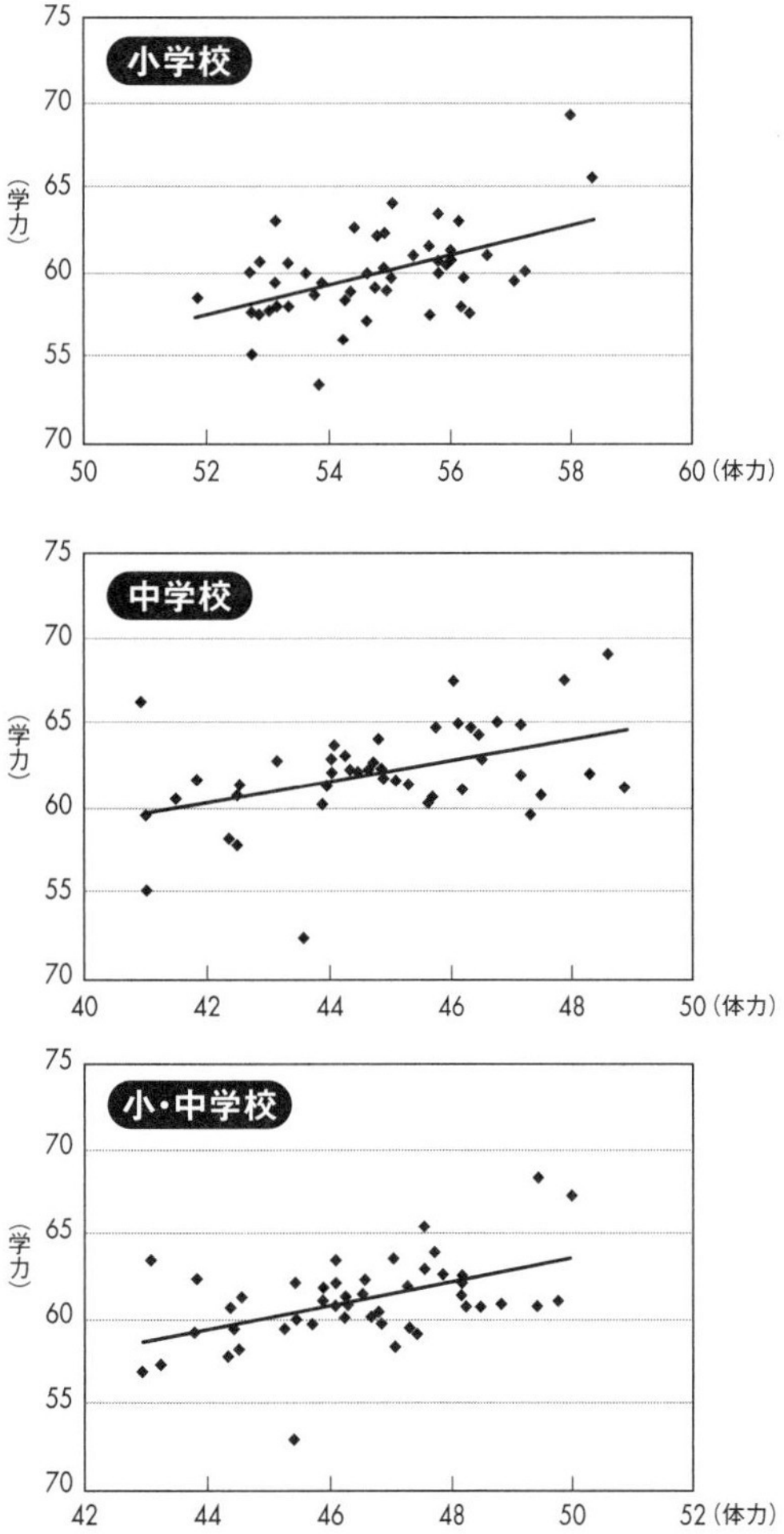


**図3　都道府県の体力・運動能力と学力テストの相関図**

校でも運動ができる子どもは勉強もできるという都道府県の結果が得られています。アメリカのイリノイ州でもカリフォルニア州でも同様の関係が発表されています。

つまり、運動をしている子どもは勉強ができない。勉強ができる子どもは運動していないというのは、ある一部を見てイメージが膨らんでいるだけなのです。

**長田**　データとは逆に、世間では運動をしている子どもは勉強ができないというイメージは強いですが。

**深代**　なぜそうなってしまうかというと、運動をしている人が、単に勉強しない場合が多いからです。運動をヘトヘトになるまでして、夕食を食べると眠くなります。その後に勉強しない子どもは、勉強ができるはずがありません。国語や歴史などはやらなければ覚えられないので、勉強しなければできないのです。

夜に少しでも勉強する、それができなければ授業中にしっかり理解して覚える、そんな努力と工夫をすれば、運動も勉強も両方できるようになるはずです。

たとえば、エピソード記憶というものがあります。人は二週間前の朝食メニューを覚えていませんが、コーヒーをこぼすといった特別なことがあると、何年も前の食事でもそのメニューを思い出すことができます。ふだんと違う刺激があって、脳の神経パターンが一瞬にしてできてしまったということです。

授業中に質問をするのもエピソード記憶になります。質問すると緊張する。また何かを間違えると恥ずかしい。その行為をきっかけにその日に学んだことを筋道をたてて思い出せることがあるのです。

物理や歴史などを、自分が興味のあるスポーツと関係づけて、頭に入れる手もあります。たとえば、自分のやるスポーツの動きを力学的にとらえ直すとか、陸上の走り高跳びを歴史的にとらえる。正面から跳ぶ跳び方に代わって、踏み切ってすぐにバーに背を向けて頭から先にバーを越えるフォスベリー・フロップ（背面跳び）が登場した時代には、歴史的にどんなことがあったのか、とか……時間の流れと事例を連係させて印象を濃くする方法もあります。

## かつては文武両道だった日本

**長田**　エピソード記憶や授業態度の工夫は大変に興味深いです。しかし日本の中学、高校、加えて大学もそうですが、運動部の人には大甘で、授業で眠ってばかりいても単位を出すし、学生の側にも自分のやっている運動で人生を切り開けばいい……という悪習が根深いです。

**深代**　アメリカは、オリンピックの金メダリストが弁護士や医師になったりしています。NCAA（全米大学体育協会）というのがあって、年度ごとに大学の単位をしっかり取らないと、次の年に試合に出られないという制度があります。アメフトの新人王が、その年の単位を取っていなくて、翌シーズンの試合に出られないことも珍しくないのです。

　アメリカでは、もともとスポーツ選手も勉強ができないとダメだという声が根強く、そこが日本との決定的な違いですね。

**長田**　東大（旧東京帝国大学）出身で、柔道の父と言われる嘉納治五郎に代表されるように、かつては日本も文武両道が理想とされていたはずです。それがなぜ「文」だけが偏重されるようになったのですか。

**深代**　江戸時代から第二次世界大戦前までは、日本も文武両道でした。江戸時代の日本は教育立国で、寺子屋は全国で二万カ所近くもありました。庶民の子どもは寺子屋で読み書きそろばんを習いました。

また各藩には、藩士（武士）の子弟のための教育機関として、藩校が整備されていました。そこでは、午前中は座って勉強をして、午後は全部体練でした。体練では、武術、水練、砲術などで身体を鍛えました。それが、日本の最初の大学で嘉納治五郎たちに引き継がれたのです。

その流れは、戦争で変わってしまいました。軍が武力で知の人たちを押さえつけるというように、戦争で「文武」は「武」に振れすぎたのです。その記憶が残っていて、戦後はその揺り戻しで知育偏重になっていると、私は思っています。

ホモサピエンスとしての人間が誕生してから何十万年もたっていますが、歴史上、運動しなくても生活できるという時代は、この二、三〇年だけなのです。二〇世紀の科学の発達の功罪は、運動しなくてもよい楽な社会を構築したことです。

歴史的にみて、プラトンやソクラテスなどのギリシャ時代の哲学者も筋骨隆々でした。身体がしっかりしていなければ、何を言っても聞いてもらえなかったのだと思います。

ほとんどの時代を通じて、運動能力も勉強も、両方鍛えるのは当たり前でした。私たちの子どもの頃も、生活の中にふつうに運動があり、そして、放課後に友達とヘトヘトになるまで遊んでいました。その結果、くたくたに疲れるから、夜はぐっすり寝られたのです。

それが今は、学校、塾、家で座って勉強、あるいはゲームをして過ごします。これでは身体が疲れないから、寝たとしても眠りが浅く、朝の目覚めも悪いのです。こんな時代は人間の歴史の中で初めてで、だからこそ現代は、教養として運動しないといけないのです。

## 東大の入学試験に体育があったら！

**長田**　つまり受験をベースにした社会構造を根本から変えないかぎり、勉強と運動を切り離して考える風潮は変わりそうにないのですが、打開策はありますか。

**深代**　私は、東大の入学試験に体育科目を導入したらどうかと提案しています。

大学受験の科目は、高校や塾や予備校でも真剣に取り組みます。東大のような、知でトップを走る大学の入試科目に体育が加われば、高校でも塾でも生徒に運動を奨励します。そして、これは必ず高校受験、中学校、小学校、幼稚園へと連鎖していきます。

子どもに受験対策をさせる親も、運動へ目を向けます。運動をする習慣が身につくので、将来的にはメタボ解消にもつながります。この提案が実現すれば、社会構造がドラスティックに変わると思うのです。

**長田**　東大の入試に体育を入れる必要を感じるというのは、バレーボールの松平康隆氏も同じ意見でした。松平氏は、松本清張の代表作である『点と線』を読んで〈時間差攻撃〉を思いつき、ミュンヘン五輪で日本男子を金メダル獲得へ導いた人です。暗記を得意とするだけの人が日本の船頭となっているのは、国際社会を生きる上で、大変にバランスが悪いと言っていました。

**深代**　嬉しい。松平さんはヨーロッパ社会を長く考察していらした方だから、グローバルな時代に生きることを、心から理解できたんですよ。心も身体もタフじゃないとならない。知だけの頭でっかちじゃや、相手にされないです。

## 鉄棒から落ちる、腹筋運動ができない東大生たち

**深代**　その東大ですが、日本の子どもの運動能力の発達と同様に、二極化していて、運動のできる学生と、できない学生が、はっきりしています。

たとえば、高校までに行なわれていない種目、アメフトやボート、ラクロスなどは、東大はかなり強いのです。その一方で、信じられないくらい運動能力の劣る学生がいるのも事実です。バドミントンのラケットでシャトルが打てなかったり、球を投げるとき手投げ、いわゆる「女投げ」の動作だったりするわけです。

**長田**　運動能力が劣る学生についてもう少し詳しく、ご説明ください。

**深代**　授業でバドミントンをするときに、準備運動をかねて二人ずつ向き合って、ラリーをします。ところがあるとき、片方の学生は、いくらトライしてもラケットにシャトルを当てることができず、もう一人は、ずーっとそれを見ているだけということがあったのです。

また、ソフトボールの練習でキャッチボールをさせたら、球を捕りそこねて眼鏡に当て、眼鏡が割れて出血したり、女子学生では、自分より高い鉄棒にぶらさがろうとして、

そのまま地面にドサッと落下したり……。

　文科省からは三〇秒以内に腹筋運動が何回できるかの調査がきますけど、一回もできない女子もいます。

**長田**　まじめにやらないとか、ほかのことを考えている……というわけではないのですね。

**深代**　いや、ふつうにトライしてます。だから東大で「キャッチボールくらいはできる」レベルの入試があってもよいのではないかと、真剣に考えます。

　東大に入ってくる学生は、だいたい子どもの頃から秀才が多い。ずっと勉強にだけ力を入れてきて、親も勉強はできるから……と安心して塾に通わせ、外遊びや運動することの必要性を感じていない気がするんです。

　親の意識がそちらに行っていないので、身体未発達のまま成長しそびれて、一八、九歳まで来てしまう人が少なくないんです。

## ゴールデンエイジにしっかり運動を

**長田**　東大の入試に体育を入れるというと、一〇〇メートルを何秒以内、あるいはジャンプを何メートル以上などと、特殊な身体能力を問われると考え、新たな体育塾へもうひとつ通わなくてはならなくなるのかと思う人もいると思いますが……。

**深代**　もちろん、特別な能力があるに越したことはないとしても、そういうハイレベルな要求をしようとしているわけじゃないのです。頭と身体を切り離してしまっている知育偏重に、気づいてほしいのです。勉強ができるからといって、身体がどうでもいいわけではない。

一八、九歳の学生の親の世代も知育偏重にどっぷりつかって生活し、おそらく二世代にわたって知育偏重だと思われます。なぜ、そう言えるかというと、私が東大に勤務するようになって二〇年が過ぎましたが、状況はその間、ずっと同じような傾向だからです。

誠に残念なことに、運動によって脳が発達する一番いい時期（三歳から小学校低学年ぐらいまで）をゴールデンエイジと言うのですが、その時期に身体を使うチャンスを逃してしまっているんです。こうなってしまうと、大人になって運動を始めようとしてもなかなか上手くいきません。

若いお母さん方に言いたいのですが、運動は、良い学校に入ってから、では手遅れなのです。

私は一昨年、総長補佐の任にあり、総長補佐会のときに、東大で「知・徳・体」のバランスの良い教育をやろうと主張しました。東大の濱田純一総長はタフな学生をつくりたいということを目標のひとつに掲げていたので、身体のタフさは知や徳の土台になると提案したのです。

しかし、会議の流れは、失敗に負けないとか、海外に出ていくとか、知の中のタフさに焦点があたって、やはり「東大は知でいく」ということがベースにありました。東大生の身体をたくましく、というのは、なかなか難しいと実感しました。

## ゴールデンエイジに運動しないと年をとって差が出る

**長田**　運動をする素養を身につけないで成長した人間について、どんな不安を感じますか。

**深代**　若いときはいいんですよ。日常生活が不自由にならないぐらいの体力はありますから。しかし日常生活ができるからといって、積極的に運動しないで年を経ると、体力に余裕がなくなり、真の意味での健康ではいられなくなります。

たとえば若いうちは筋肉がそれなりにあるので、氷の上で滑って転んだとしても、上手く転べます。さほどダメージを受けないで済みます。老人になって、転んで手をついたら、その手を骨折したと耳にすることがあるでしょう。運動しないと、そういう可能性が早い年齢から起きやすくなるはずなんです。

おどかすわけではありませんが、身体という土台が頑丈でないと、病気にもかかりやすくなるでしょう。

今の五〇代、六〇代は、戦後の食料事情のあまり良くない時代に子ども時代を過ごしたとは言っても、外遊びはしっかりやっていて、走り回って成長した世代ですよ。一方平成生まれは、ゲームをやる時間が幼少時から長かったはずで、野原を走り回って暗くなるまで家に帰らなかったような外遊び経験のパーセンテージは、驚くほど低いでしょう。将来的には健康上の大きな差が出ると思います。

## 身体言語能力の高い人、低い人

**長田**　柔道の父・嘉納治五郎だって、元々は虚弱でしたが、そこで柔術を学び、柔道としての体系をつくりました。見た目の体格は立派とは言えなかったようですが、偉大なアスリートで柔道家、機知に富んだパフォーマーでもありました。

パリの広場で柔道のデモンストレーションをやって、パリジェンヌに拍手を浴び、欧州の人々を驚かせるなど、コミュニケーション能力も抜群だったはずです。

**深代**　良いことを言ってくれました。最近はコミュニケーションは、話をする、会話をすることだと思っている人が多いです。口だけでなく、身体言語能力がコミュニケーションなんです。

だから嘉納治五郎も海外で人望があったのです。彼がオリンピックを日本で初めて開催しようとしたとき、たくさんの国の人とコミュニケーションできたのも、語学能力とともに身体言語能力が優れていたからだと思われます。

たとえば、子どもの頃に遊んでいて、ひょんなことからケンカになります。友達を殴ってしまったりすると、自分の手もとても痛いんです。後で家に帰って反省します。何で、あんなことになったのかと思いめぐらします。自分で自分の行動も検証して、はて、どうするか？　あいつも悪いが、自分も悪い、どうしようと考えて思い悩んで寝た。すると、朝、通学途中に会ったら、相手が急に「ゴメン」と言ってくれて、仲直りしたりします。すると互いにさわやかで、前より仲良くなったりする。これがコミュニケーションですよ。

ところが今は、向かいの席や、隣の席の人にもメールでしょ。それでは気持ちが全然伝わらない。言葉の厚みや深さがなく、のっぺりしてしまっていませんか。

意思の疎通を欠いたときなど、どの程度のミゾなのか、何が相手の立腹の原因なのか、メールではなかなか分からないものです。それなのに、顔を見て、言葉の前後から相手の気持ちを汲み取ったりすることが、苦手になってきているので、メールで済ませようとするんですね。

**長田**　「バカヤロー、いいかげんにしろ！」と送信されてきても、どの程度の立腹なのか、まったく分からないです。単にビートたけしの口マネなのかと思います。

## 身体がぶつかり合う体験はなぜ大切か

**深代** 僕らの時代は相撲をとったりしたんですよ。直接的な身体のぶつかり合いを通して、どんな力をどうかければ、互いの身体がどうなるか感覚で摑んでいます。

だからもっと言えば、大きな身体の相手にはどこをどうすればいいのかという、勝ち方も知っています。投げ方や突き方、ひねる、つまり力を三次元でとらえる感覚も分かっています。

どーんと当たって自分がふっ飛んでゆく、あるいは、相手がふっ飛ぶ。互いが組んで、ヘトヘト、もうゼイゼイするほど全体に力をこめて人の身体を受けとめる。身体と身体が、ガツンとぶつかって対話をする。痛みや衝撃を知っていること、もうだめだ……ということころの力の出し方を知っていることは、もの凄く大切なんです。

そういう力の出し方や痛みを知らないと、ちょっとぶつかったとか、気に入らないことがあるだけで、急に刃物で刺し合ったりしてしまう可能性もあるんです。

**長田**　身体言語能力が欠落している、あるいは希薄な身体コミュニケーションが増したということですか。

**深代**　一方で長時間、いや膨大な時間を費して闘い続けるバーチャルなゲームの世界では、自分は英雄になってるんです。

そのプライドは育っていて、たくさんの人間の肉体を砕いたという達成感は脳に残ってしまっている。実際には一発も素手で殴っていないので、人と対峙《たいじ》する怖さも知らず、エリート意識だけが脳に残っている。これは危険なことです。

身体言語能力は強靭な感覚のコミュニケーションだけではありません。男性が女性の柔らかな身体を抱きしめたときに、気持ちが通い合うことも身体言語能力ですけど、こちらの表現も、今ひとつ粗雑になってきているのではないでしょうか。

## 「便所メシ」学生の出現

**長田**　空気が読めないＫＹという言い方が、一時期よく使われました。

**深代**　場の空気が読めることは、情報収集能力ですから大切なんです。

東大だけでなく、さまざまな大学で「便所メシ」と呼ばれる学生がいると言われていますが、知っていますか。トイレの中とか、トイレ近くの薄暗がりの中で食事をしている、パンなどを食べている学生がいるんです。どうした？　と尋ねると「イヤァ、昼飯です」とか言うんです。

**長田**　何だか不潔ですね。

**深代**　そうですよね。何もトイレで食べなくたって、食堂へ行けばいい、陽の当たるベンチで食事すればいいと思うじゃないですか。でも彼らは、ひとりで食事をしているところを人に見られたくないんです。

食堂へ行けば誰かいて、一緒に食えば仲良くなるし、何か会話をすれば楽しいと思うんですけど、人間関係をつくることができない。それで、トイレの脇でひとりでしゃがんで、何か食ってるんです。何だかなさけないし、かわいそうですね。

# 第二章　スポーツは人間の全能力を開花させる

## 海外留学に興味を示さない学生たち

**深代**　人との関わり合いで最近目立つのですが、学生が海外留学制度に興味を示さないんです。留学して特別に課題の論文を書き上げなくてはならないわけでなし、向こうで授業を受けておけばいい程度で、大学の支援があるのでかなり安価で行けるのに人気がないんです。英語圏へは行く人はいますが、アジア圏は人気が薄い。昔は違っていたと思うんですけれど、とにかく興味を抱かない。

**長田**　学生時代に知らない国に行ってみるというのは、自分にとって有効だと思うのですが……。

**深代**　私もそう思うし、もし私が学生だったら行きたいですけれど、今の学生は内向きで海外は危険だし、不安だと言うんです。基本的に冒険的な気分は流行《はや》らない。

特に東大生は、東大卒の肩書きがあれば、それでもう、日本国内で生きる上では、かなり快適だから、肩書きの通用しない発展途上国には行こうとしないのかもしれません。

**長田**　自分が生きて培《つちか》ってきたものが、異なる価値観の中で通用するのかどうかを試す、良いチャンスになるとは考えないのですか。

**深代** 東大に来るのは、およそ失敗という経験のない学生がほとんどです。受験というレールに乗って歩んできています。失敗といっても浪人経験か、小さな失恋ぐらいです。育った家は塾や予備校に、かなりお金をかけられる経済状態です。勉強はやってきていますし、できる学生として評価も高い。恵まれた環境で育ってきているわけです。

ところが東大には、全国からそういう学生が集まってきているので、ケタはずれのべらぼうな秀才や特別に何かの知識を持つ人間もいます。そうすると、自分の存在価値に疑問を持って縮こまってしまう人も少なくない。自ら進んで発展途上国を見に行こうなどという勇気や冒険心はほとんど持ち合わせていない感じなんですよ。

## 子育てで失敗は許されないと思い込む親たち

**長田** 成功体験しかない若者にとって、失敗は許されないもの、無駄は排除すべきものですか。

**深代** そこなんですよ。社会が子どもの頃から失敗をさせないようにして成り立っています。幼児教育しかり、小さいときから勉強させて早く受験を有利にしようとするわけです。

それをやらせるのは親ですよね。小さいときから子どもは親の顔色を見て育つことになります。

二歳で中学生レベルの英語の読み書きができる、三歳で微分、積分のできる子どもが話題になりましたけど、その後をどう育てるのか心配です。

親が子どもにやらせる勉強は答えのあるものばかりです。答えがあるもの、その正解の範囲の中だけで育てていくことは、ヘンですよ。花や虫、木や土などの、多様な自然と一緒に育てないとおかしくなると思います。人間も他の生物と同様に、自然に同化して生きるように進化してきているのですから。

空があって大地があって風が吹いて、それらの自然を味わわせて育てるのが、子育ての初めであってほしいですね。性急に、まるでタコ焼きやタイ焼きみたいに、鋳型に入れてポンと焼き上げるように人を育てるわけにはいかないはずです。

幼児早期教育は、どこかで企業が絡んでいて、よく見れば商売になっています。賢い子どもに育てるかどうかはお母さんしだいです……と迫ってきます。向こうは商売だから、あの手、この手で来ますけど、惑わされちゃダメなんです。幼児期は、年齢相応に発達していけばいいわけで、身体言語能力を育てるほうが優先される時期ですよ。

今は子どもが少ないから、親は子どもを一発必中で育てようとする。子どもを育てる段階で、失敗は許されないと思っています。二人いれば二人とも、一人なら一人を良い学校へ入れようと、教育偏重になるんです。

昔も親は子どもを同じように大切に育ててはいたでしょうけれど、子どもを産む数も多かったし、周囲にも子どもがたくさんいました。親の領分、大人の領分と、子どもの領分があって、親はどこかでそこへ踏み込むことをしないように意識していた気がします。遊びは子どもの仕事だったわけですから。

**長田**　親も子どももも失敗してなるものかと考えている関係性は、かなり狭量です。

## なぜ東大卒のオリンピック・メダリストがいないのか

**長田**　たとえばアメリカでは、ハーバード大から歴代二〇〇人くらいオリンピック代表選手を輩出している上に、メダリストも複数います。日本では東大卒のスポーツ選手は極めてまれな上に、オリンピックのメダリストなどいません。この違いはどこにあるのでしょうか。

**深代**　日本は受験をして大学に入ることが最重要で、欧米は卒業することが重要だという違いでしょう。

欧米は勉強して試験を受けて単位を取らないと、どんな大学の有名選手でも試合に出られなくなります。だから学問を修めることへの敬意は育っています。

日本も選手に対して厳しくしていくべきです。学問の修得をしないで卒業してしまうことは、現役生活を終えた後のことを考えれば、選手にとって不利益なはずですから、文科省も目を光らせないといけないでしょうね。

アメリカは金メダリストがスポーツで培った経験を生かし、また世界の舞台でメダルを獲得できたことの自信で次なる舞台を選び、医師や弁護士になっているんですね。

**長田**　メダルを獲得しても燃えつきないのは、メダリストになったことで尊敬され、賞讃されることで徳を得て、新たなジャンルでも挑戦してみようと、気分を切り換えられるからでしょう。

世界の舞台で闘うことで、さまざまな国の人に会い、またそれぞれの国の文化や政情にもふれて、どんな人がカッコいいのか、あるいは自分はどう生きるべきかを考える機会を持ったと言えますね。

## 日本の大学にも「ギャップ・イヤー」を

**長田**　メダリストになっただけでは終わらず、人生をリセットできるのは、自分への欲も強いからですね。

社会学の用語で「ピーターの法則」ってありましたよね。ある会社で熱心に働く男がいた。ところがあるとき部長に抜擢されたら、もう伸びを止めてしまう。部長になったことで自己満足して、何もする気力が湧かない。もっともっと伸びる人だったはずなのに、小さな満足が、その人の成長を止めてしまうということでした。

日本は激戦の受験を勝ちぬき大学に入ると、息切れしてもう勉強をしなくなる学生も少なくありません。

**深代**　イギリスの「ギャップ・イヤー」って知っていますか。すき間の一年という慣習です。高校を卒業して大学が決まったら、入学までの約一年を好きなことをして過ごすのです。

人によっては外国へ自由な旅をする。人間はふだんの生活を離れたときに脳が創造的に活性化します。あまりあくせくせずに、のんびり知らない土地で時間を過ごすと、やりたいジャンルを見つけたりできるんです。

やったことのなかったボランティア活動を経験するケースもあります。見聞を広げ、人生をもう一度考えてから、大学生活をスタートさせる。そうすることで、モチベーションも上がるように思うんです。

日本の場合は、高校の卒業式が終わってから大学の入学式まで、二週間ほどしかありません。じっくり自分の足元を見つめる時間はないんです。

そこで東大も入学式を秋にしようかというプランが出ています。実現すれば諸外国からの学生も入学しやすいし、異文化コミュニケーションにも役立ちます。

若いときに外国生活を経験することは、将来への架け橋になります。視覚、聴覚、嗅覚、触覚として外国からの情報が脳内に入力されます。現地での人の営みは、テレビの旅番組で見るものとは、まったく異なります。生まれ育った日本とはまったく違うものにたくさん出会います。

小さな居酒屋に入って知らない老人と話をしたり、一緒にビールを飲むことで、同じ時代を生きていることを互いに噛みしめることができます。

国にはそれぞれ、人の生活の匂いがしみついています。私は若いときにフィンランドに行き、独得な匂いを知りました。小麦の匂いだと思うのですが、フィンランドでは、スーパーや商店で漂っている芳しい香りでした。帰国しても日本では出会わない匂いでした。

その後一〇年以上もたってフィンランドに行ったら、あの匂いがありました。その良い匂いとともに、当時会った老人の微笑や、女の人の表情がよみがえりました。

もう二度と会うことはない、名前も忘れてしまった人なのに、匂いとともに、脳があまりにもたくさんのことを記憶していて驚きました。人生の一コマを共に生きた愛しさとでもいうのでしょうか。

## 「答えの出ない世界」を体験することの重要性

**長田**　異文化の人と交流して、価値観を共有したり、違いを理解したりすることは、人を豊かにしますか。

**深代**　知らない国の人と、言葉が通じなくても仲良くなりたいと思うことで、脳が相手の身体言語を感じ取ります。自分の存在を他国の人が認めてくれることは喜びです。ですから仕事につく前に、まだ自分が何者でもない状態でこそ、異国を知ってほしいのです。

感受性が強い時期だからこそ、脳に多種多様な刺激となるはずなんです。

頭を固くして考えれば無駄かもしれませんけれど、後で生きてきます。

宗教色が強いとはどういうことか。貧困であるとはどういうことか。これらはいずれも答えのない問いです。

日本で生まれ育ったということは、世界から見て恵まれた環境にあったということだけれど、それがどれほど恵まれて安全なことだったのかもよく分かっていないはずです。

旅をして、自分の正体を見つめておかないと、社会に出て、答えのないものの前に出たときに、たじろぐばかりになってしまいます。

「それじゃあ、どうすればいいですか？」と学生が聞いてくることがあります。答えのある世界でだけ生きているからです。でもこの世は、自分で自分の行動を決めて一歩を踏み出さないと、生きられないようになっていますよね。

それで、あるとき大学の入試問題をつくるときに、正解のない設問をつくってみようという知恵を出し合ったことがありました。選択肢が五つあるのですが、五つめの選択肢は、「すべて間違い」というものにする。しかしこれだけでは、正解のない難問に向き合うことには直接結びつきません。正解のない設問づくりは暗礁に乗り上げてしまいました。

## 自分の可能性を広げるのも脳、限界をつくるのも脳

**深代**　ですから、話がもとにもどりますが、オリンピックでメダルを獲得しても、そこに留まってしまわない人は、自分はまだまだ可能性があると感じているのだと思います。そのような脳の存在がすばらしい。可能性があると思っているからこそ、次への興味が

湧くわけです。

ジェニー・トンプソンという競泳選手は、四回のオリンピックのリレー種目でアメリカ女子最多の金メダル八個を獲得しました。スタンフォード大学を卒業し、コロンビア大学の医学部に通いながらも競技を続けて、二〇〇六年に医師になり、今はボストンの病院で麻酔科医になって勤務しています。

スピードスケートのエリック・ハイデン選手も一九八〇年のレークプラシッド・オリンピックで、五〇〇メートル、一〇〇〇メートル、一五〇〇メートル、五〇〇〇メートル、一万メートルの五種目すべてで金メダルを獲得した後、自転車競技のプロロードレース選手になって、八五年、全米プロ自転車選手権ロードレースの初代優勝者になりました。その後にスタンフォード大学医学部を卒業して、現在は名高い整形外科医になって活躍しています。

**長田**　つまり自分の限界は、誰でもない、自分自身が決めるということですね。

**深代**　自分の可能性を信じるのも自分の脳だし、自分の限界を決めてしまうのも脳です。

## 動かない民族、日本人

**深代**　社会構造でいうと、欧米は、学部・修士・博士課程と、いくつもの別の大学に在籍することをよしとする風潮があります。一方、日本は大学院に進学するにしても、ひとつの大学から移動しないことが多いので出身大学の肩書きが一生ついてきます。

その原因は、農耕民族と狩猟民族の違いかなと思っています。日本人のような農耕民族は、同じところに定住して米をつくる生活が約二〇〇〇年も続きました。欧米の狩猟民族は獲物を捕って暮らす。移動することがベースでした。それは次のような対比からもよく分かります。

たとえば日本は、重鎮とか重役とか「重い」は良しとされて、軽薄とか軽蔑とか「軽い」は低い評価です。逆に英語はヘビー・ニュースやヘビー・スモーカーのように「重い」が悪く、軽いほうが、フットワークがよくて良しとされます。重く動かない文化と、軽く移動しやすい文化の違いということです。

また欧米は足、日本は手を中心にした文化でできています。欧米の長さの単位は「フィート」つまり足、日本は手の平の長さ「尺」です。

踊りも、欧米はステップや脚を高く上げる動作で表現しますが、日本の能や狂言は、擦り足で下肢の動きを隠して、手で表現します。一カ所に定住して、足を動かさないで手で作業してきた文化と、足で移動してきた文化の相違でしょう。

私は、動かないことを重視してきた農耕民族としての日本の伝統が、大学の仕組みにも残っていると考えます。だからこそ私たち日本人は、民族の性質として、なかなか動かないのだと自覚した上で、自分の可能性を広げるという気概を強く持ってほしいのです。

恐ろしいことですよ。どんなに優秀で才能に溢れていると他人から思われていても、その伸びを止めてしまうのは、本人なんです。そこを打開するためにも、頭と身体を切り離して考えないほうがいいと思います。

## 子どもに「できない」と言わない、急がせない

**長田**　親は子どもの可能性を伸ばそうとして、実は逆に萌芽をつんでしまっているのでしょうか。

**深代**　子どもはいろいろなことにチャレンジしていく中で、特徴的なことが見えてくるというのが自然です。何事も最初から決めつけないことです。

一時、個性的に育てる、個性を重んじた教育を、と言われましたが、本当の個性は、すぐには分からないものです。

たとえば、柔道や剣道などの武道、長唄、小唄などの習い事、みな同じですが、最初は師を同じようにマネします。人の身体は、ひとつとして同じではないので、マネをすることだって難しい。それをずーっとマネをして、一〇年、一五年して、ようやく師と違った味を出す。一〇年、一五年して、師と異なるモノが醸し出される。マネをしてマネをして、それでも重なり切れない部分が個性です。

走ったり、跳んだり、ケンケンしたりといった簡単な運動でも、ちょっとやってみて少しでも不器用だと「遺伝だから」と言い訳にする。その場ですぐにできると注目されて見栄えはいいですが、それはその子が、それまで似たような経験を無意識にしていることがあるだけです。しかもその場でできた子が、その後に伸びるとは言い切れません。

親は自分の子どもの可能性を、堂々と、じっくり、見守ってほしいです。

カイル・メイナードというレスリングの選手が、全米で話題になったことがあります。彼は先天性四肢欠損症で、両手両脚が欠損して生まれてきました。ジョージア州の高校生の大会で二位になって注目され、高校三年間で三五勝もしました。障害者の大会じゃない、健常者の大会です。両腕と両脚は確かに短いですが、体幹はがっちりしています。

どうやって親が育てたか、親は「できない」という否定的なことを一切言わず、「できる」と言ってカイル君を育てました。だから彼は今も自分がハンディキャップを持っていると思っていません。ものの見事に自分の身体を最大限に使えるようになったのです。

人々は彼の身体を一目見てハンディキャッパーだと思うかもしれませんが、彼の両親は彼の中に、そういう気持ちを育てなかったのでしょう。

どの国でも子どもは必ず親の目を見て、親の気持ちを気にして大きくなっていきます。親の考え方や物事の選択が、子どもに色濃く出ます。

**長田**　親はついつい我が子を、兄弟やよその子どもと比較するクセがあります。

**深代**　親がスポーツ種目まで決めてしまうケースがあります。タイガー・ウッズや石川遼のように上手くいけばいいですが、実は上手くいかない場合のほうが多いです。上手くいった子だけが大きくメディアに取り上げられますので、目立ってしまうだけなのです。

## 子ども時代に足が遅いと一生遅いままなのか

**深代**　以前に中学校の体育の教科書作成のためのミーティングに出席しました。そこで教育委員会の先生と話をしたら、勘の良い子と悪い子が存在している、という話になりました。教科書の内容をどんな子どもに合わせるのか、という話にもなりました。

私が、勘の良い子はなぜそうなのですか？　と聞くと「生まれつきです」「遺伝ですから」云々と言って、話がそこで終わってしまう。

勘の悪いと思われる子もやり方しだいですから、ドリルをさまざまに取り入れた教科書をつくって、運動が巧みになるようにしましょう、と提案したのですが、理解してもらえませんでした。勘の悪さは改善されず、悪霊のようにかたわらにあると、教育現場を指導する立場にある教育委員会の先生に信じられていることがショックでした。

**長田**　運動神経の良い、悪いは俗語だと初めて教えていただきました。
　子どもの頃に足が遅いと、一生足は遅いと思っている人が今も少なくありません。人間の足は、どんな人でも速くなることが可能ですか。

**深代**　人は一度イヤな体験をして傷つくと、それがコンプレックスになって、なるべくその点に目を向けないようにします。

　この本の初めのほうでも触れましたが、「運動神経」は、頭で考えて筋肉までいく神経系の途中に必ずあります。そこは電気信号が通るだけです。その通り方に良い、悪いはありません。

　神経の上を信号が走る「道筋」が、記憶のメカニズムです。つまり何回も通っていると道筋ができて、道筋が形になれば、後に同じ道筋に信号を走らせると、同じ記憶がよみがえる仕組みです。

　何度も繰り返し練習をすると覚えるのは、脳に道筋ができるからです。だから、球を投げる、バスケットボールでシュートする、サッカーでゴールマウスに蹴るなどの動作は、根気よくやれば上手くなります。

ウサギとカメの話と一緒です。ウサギは初めから何でも上手く、すぐできますが、カメでもいいんです。きちんと追いかければウサギを抜けます。オリンピックを目指すのではない、ふつうの人のレベルであれば、差があると言っても、できるのが少し早いか遅いかぐらいの違いです。才能だとか遺伝だとか言って諦める必要はないのです。

そこで、走るスピードの話ですが、人の足も走り方を改善すれば、以前の自分よりも必ず速くなります。工夫次第で、自分の記録を更新することは可能なのです。上手に自分の身体が使えるようになれば、無駄のない走りができます。自分の足が速くなったと認識することは大切なことです。言い訳をして逃避せずに、自分自身の変化を楽しんでほしいです。

## 「勉強ができて運動もできる人」は特別か

**深代**　繰り返しになりますが、漢字や九九を覚えるのと球の投げ方や蹴り方を覚えるのとは、神経の中を信号が通る道筋＝パターンをつくるという意味では、基本的に同じだと考えていい。勉強は得意だけど、運動は無理だと決めつけるのは脳なんです。二つを対立させないで、親からの遺伝だとかの言い訳をしないで、やり方を間違わずに根気よく挑戦すれば、勉強も運動もできるようになる可能性は充分にあるのです。

**長田**　日本には「勉強ができて運動もできる人は特別な人」という意識があります。深代教授のお話を聞くと、その先入観が消えてしまいます。振り返ると、親や教師の先入観や決めつけを、まず振り払うことが一番大切なのかもしれません。

**深代**　私の子どもの頃は、男子はみんなが野球をやりました。場所が狭いときは、三角ベースボールで工夫しました。

野球というゲームには、打つ、走る、投げる、と運動の要素が多い。加えてエラーやトンネル、三振などの失敗の原因もたくさんある。みなが注目する中で、緊張してバッターボックスに入り、その注目の中で失敗をする。悔しい。今度はなんとかしなくてはと思って、次にみなで遊ぶ試合までに、一人で秘密練習をする。そして試合で成功すると、面白いからやめられなくなる。

私はヘソ曲がりで、練習も試合結果も自分だけの責任になるのが気に入って、個人種目の陸上競技を選びました。

現在はJリーグやなでしこジャパンの影響でサッカーをやる子どもも増えました。選択肢が広がり、いろいろな競技があるという認識が浸透しています。

学校の部活などでは、ひとつの運動部に入るとほかのものに移るのは難しいのですが、アメリカではダブルメジャーといって、野球とバスケットのように二種目以上のスポーツをさせる風潮があります。日本のスポーツは修業に似て、〇〇一筋、〇〇道という考え方が主流ですが、もう少し柔軟に考えて、夏と冬で異なる種目をする、あるいは夏のスポーツでも冬のスポーツでもさまざまな種目の経験をする、という考え方が広まらないといけないなあと思っています。

二つの種目にトライすることで、異なる運動要素を生かすことになります。野球とバスケならば、バスケのほうがジャンプする要素が多いし、ボールを生かすための守備の動きもあります。バスケをしばらくやった後に野球をすると、野球の巧みさが増すことにもなります。いつもと違うことをして脳をおどかし、別の動作パターンをつくっておくことが、脳を活性化させることになるわけです。

バスケをやっているときは、コート上でボールの取り合いをする状態がずっと続きますが、野球は攻撃のときは順番を待ちます。打順を待つ間、ゲームを見つめることで、バスケのときに疑問に思っていたことの答えに気づくこともあります。一石二鳥で、どちらも上手くなる可能性があるのです。

脳にとっては、いつも新鮮なことが大切です。いろいろな新しい情報や要素を入れて脳を働かせる、脳を動かすことで脳は元気になります。昔の人は、頭は使えば使うほど良くなる……と言いましたけど、本当なんです。

## ソクラテスもプラトンも筋骨隆々だった

**深代**　ソクラテスやプラトンなど、古代ギリシャの哲学者は、レスリングをやっていた人間が多いです。みな筋骨隆々でした。青白くて吹けば飛ぶような貧弱な体形で書斉にこもって哲学していたわけじゃないんです。

レスリングは古代から存在する、素手で相手と向かい合うスポーツです。身体の一部だけを使うスポーツではありません。全身には約六〇〇の筋肉がありますが、レスリングは、それらを総動員する格闘技です。

古代ギリシャの哲学者は、土台である肉体を活動させ、脳に酸素を送って思考していたと考えられます。立派なことを言っても、身体がしっかりしていなかったら、当時の人々は耳を傾けなかったのだと思います。

人の生き方に、時代の流行はありますが、基本は変わりません。勉強だけの頭、運動だけの身体、と切り離して考えることは自然ではないんです。どんな時代にも求められるのは、自分で考えることができ、人にとっての本来の動きが充分にできる全身です。難問や難題の中で生きぬいてきたギリシャ時代の哲学した肉体は、マシーンを相手にして筋肉を増やしただけの体格ではなかったんです。思考し戦略をたて、それを実行できる身体でした。

私も、仕事の上で困窮したり、難題に当たっているときは、腕組みをしてパソコンの画面を見つめるばかりでなく、ジョギングに出かけます。一言で言うと脳を万遍なく使うように心がけています。そのときふつうに前向きに走るだけでなく、後ろ向きに走ったりすることで脳を活性化させます。

汗をかいてシャワーを浴びて、もう一度難問に当たると、気分が爽快になって、新しい視点やアイディアが湧くことがあります。あるいは難問を初めから考え直してみようと、ファイトが湧きます。

些細なことのようですが、にっちもさっちもいかないと思うときに、自分の身体のコントロールの仕方、つまり脳のリラックス法を知っているかどうかは、大きいことです。社会に出たら難問ばかり、仕事をしたら難題ばかりです。何年もかかって対応していかなくてはならない忍耐も必要でしょう。

## 東大生はペンを持つ筋肉だけあればよい？

**深代**　どんなときにも土台になるのは身体です。別に見栄えの良い逆三角形の身体でなくていい。全身のバランスが大切です。資料を読む、会議をする、思考する、対応する、データから読み取る、判断をし指示をする……これら脳に入ってくるあらゆる情報を処理することは、一見、脳だけの活動だと思いがちですが、そんな単純なことではありません。

昔は、「東大の学生はペンを持ち上げるだけの筋力さえあればいい」なんて言われていました。頭脳労動を半ば誇り、半ば揶揄《やゆ》したんです。今ならさしずめ、キーボードをたたく一〇本の指の筋肉さえあればいいと言うところでしょうが、そんな僅かな筋肉では、頭脳労動すらもままなりません。

人間の身体の筋肉活動がなければ、呼吸すらもできなくなります。本を読む行為で、目を文字から文字へ動かし、行から行へ移すのも、身体活動なくして成立しない。食べる、飲む、咀嚼《そしやく》し飲み込む、などもすべて筋肉が行なっているんです。筋肉運動と言うと、頭脳運動と比べて、レベルが低いと思われがちですが、人間の活動は脳体一致活動なんです。

だから脳の中の記憶の仕組み、神経の中を信号が通る道筋＝パターンをつくる上で、脳の活動をイキイキさせるためには、勉強と運動を分けて考えないほうがいいということを、今一度感じてほしいのです。

## なぜスポーツは一段低く見られるのか

**長田**　筋肉だけでなく、スポーツ自体の位置づけも、政治や経済と比較して、一段下に見る慣習がありませんか。

**深代**　確かにそうなんです。運動やスポーツがひとつ下に甘んじてきている印象です。スポーツの勝負の見どころを言う人はいても、スポーツが人間形成に大きく影響する可能性を、しっかりと論理立てて説明できる人が少ないせいだと思います。勝敗の明暗にばかり関心が集まり、その文化的視点はなかなか注目してもらえません。

たとえば絵画や音楽の演奏などは、みな観客を酔わせますが、それらがコンクールでもない限り、好みはあっても、順位での評価はしません。ところがスポーツには順位が欠かせません。仮に美しい走り幅跳びがあって、身体運動としての評価は高くても、一〇〇人中一〇〇位の記録だと大きな評価になりません。

私自身は、スポーツと運動を使い分けています。スポーツは勝敗のあるもの、運動は身体活動です。今回はどちらもひとつのカテゴリーとして話をしていますが、それらは、絵画、音楽、芸術以上の広がりを持っています。

## スポーツにはあらゆる要素が含まれる

**長田**　一般的にスポーツは「見るスポーツ」と、自分自身が「するスポーツ」に分けて考えますが……。

**深代**　スポーツには、図4のように、あらゆる要素が入っているのです。数学的要素も大きいです。

たとえば野球を例にとれば、身体の動かし方はもちろん、シュートやカーブには力学的視点も入ります。打率や打点、チームの対戦成績や残り試合数、勝率、さらにストライクだ、ボールだと、常に数えています。

上空の風向きや太陽の位置、人工芝の球のころがり具合は理科であり、力学との関わりもある。そこに確率と統計学も加わります。第一打席、第二打席、その日、その打者がどんな打ち方で、どんな結果を出してきたのかを記憶し分析して、それを生かして判断をしなくてはならない。さらに投手のローテーションによって生じる組織力学の変化もあるでしょう。

試合中は脳体一致で、山のような計算をしています。

試合後にメディアからのインタビューもあります。「何をどう表現するのか、何を語

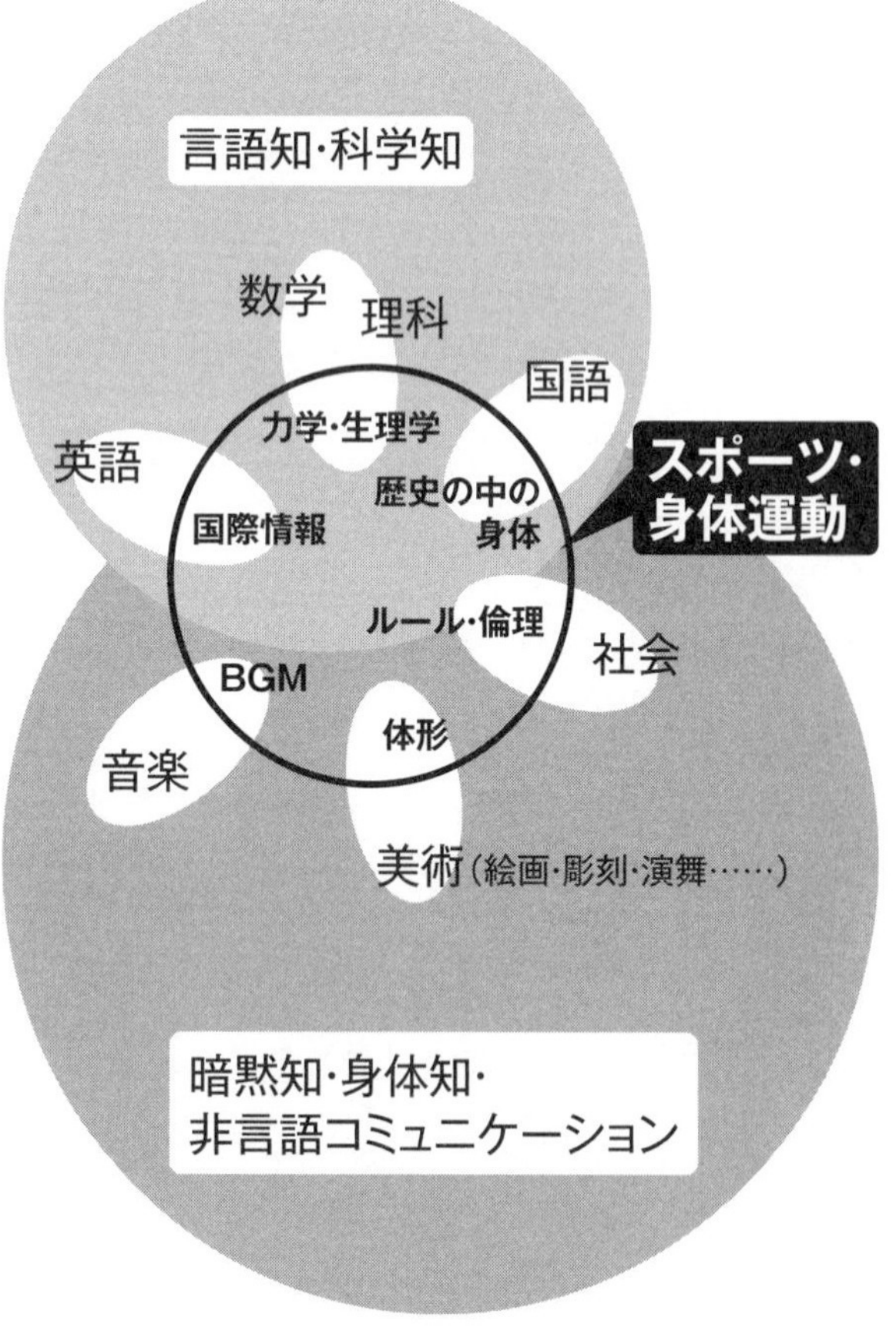
言語知・科学知
数学
理科
国語
英語
力学・生理学
歴史の中の
身体
国際情報
スポーツ・
身体運動
ルール・倫理
社会
BGM
体形
音楽
美術（絵画・彫刻・演舞……）
暗黙知・身体知・
非言語コミュニケーション

図4　スポーツは総合知

るか、伝えるのか」、それらはすべて言語能力ですね。

音楽の要素もあります。選手は移動するときに音楽を聞いて心を落ちつかせるばかりでなく、音楽を直接的に使用するものも多いですね。シンクロ、体操、新体操、フィギュアスケートなどです。

また技に加えて美を競うスポーツは、たまたま美しく仕上った演技ができるわけではありません。どうなれば審判や観客に美しく見せることができるのか、それを追求して身体実現しているわけです。たとえば両腕を広げるだけの動作であっても、それを見た観客が頭の中で美しいドガの絵画をイメージしてくれることを目標にして、選手は練習しているはずなのです。

## 倫理観も、外国語の能力も必要

**深代**　身体を使いながら、頭で駆け引きも計算もしています。たとえば、フィギュアで四回転ジャンプをして、着氷が乱れてしまった。すると滑りながら減点数を計算して、加点要素をもうひとつ入れようとか、涼しい顔で修正点を意識して、二秒後に身体表現として成立させてしまうわけでしょう。

そしてどんな競技もルールがあるので、それを守ろうとする倫理感も必要です。サッカーなどで、手を使ってゴールを決めると、その行為自体が人々の記憶に残って選手にダーティなイメージが定着し、一生涯そのイメージに苦しむことになります。たった一度のハンドで、その人の人間性まで問われるのは、ルールは守るものだという強い共通意識が成り立っているからでしょう。

また国際舞台で闘う上では言語能力、特に英語が必要とされます。少し前だとサッカーの中田英寿選手の、イタリア語でのマスコミとのやりとりが注目されました。最近は、柔道の女子選手にも、熱心に英語をやらせているようです。どんなことが起きるか分からない国際試合では、英語がとても大切だと思われます。

このようにあらゆる要素が入っているのがスポーツや運動ですから、大変に脳を使っていることがお分かりいただけると思います。

## 運動部は授業中寝ていてもいいという悪習

**長田**　確かに脳体一致活動でないと、スポーツはできないのです。それにもかかわらず、スポーツ選手について「頭が筋肉だから……」という中傷的なジョークや、「スポーツ馬鹿」というイビツな形容も耳にします。

**深代**　一般人は、とてつもないプレーをする人が、意外な二面性を持っていることが嬉しいんです。

典型的なのが長嶋茂雄さんでした。ホームランを打ったのに、一塁ベースを踏み忘れたり、試合後に「車のキーがない」と言って大騒ぎしたら、車に乗ってきていなかったと気づいたとか。

**長田**　どこかに息子（一茂氏）を置いて、家に帰ってきてしまったというのもありました。

**深代**　そういう愉快な話だけでなく、スポーツに秀でた者は、ある時期、スポーツ特待生などの制度で、すべてのことを大目に見てもらえました。悪習でした。それこそ、朝の練習に出た後、授業中に寝ていても、先生方も「あの子は運動部だから仕方ない」という対応でした。

そのように高校でも大学でも勉強らしい勉強をせずに卒業していくことが、罷《まか》り通っていましたね。

**長田**　スポーツ特待制度は長く続いていました。ある有名なプロ野球選手が日本シリーズで観戦記を新聞に書くことになりました。「俺は漢字が苦手だから……」と言うので、担当記者が辞書を貸したら、真顔で「こんな便利な本があったのか」と大喜びしたそうです。

## スポーツをきわめた人はほかの能力も持っている

**深代**　スポーツだけで人生の扉が開いてしまうのは、生き方として歪んでいると思います。先ほどの、勉強ばかりして運動をしなかった人の逆ですね。

プロ野球選手になれるほどスポーツができたということは、図4のように、脳のありとあらゆるところを使ったということですから、脳の中の神経には、たくさんの信号が通った道筋が残されているんです。

本人が気づかないうちに数学や理科の要素を使い、力学や生理学、言語知、科学知、状況判断、分析能力、あるいは音楽や美術、芸術要素を駆使してゲームに当たり、パフォーマンスを自分から引き出すことができていたのですから、それらを自信にしてほしいのです。「スポーツのできる人間は、勉強もできる」ことを身をもって証明できるはずなんです。

辞書のエピソードは、小学生でも知っている辞書を使ったこともないほど、高校も大学も勉強しないで通過してしまったということです。

野球ばかりやっていれば、日本のスポーツ界は生きていくことができた、という意味でもあります。

でも、ひとつのスポーツで実績を積み上げた経験のある人は、モノを覚える手順を知っているんです。だから漢字などは、回数を書くことで脳に入れればいいわけです。

**長田**　スポーツに才能があると見られた場合は勉強は省略してよい、という風土はまだ根深いです。そんな中で、三井住友海上の女子柔道部は、実業団で仕事をしている上に、勉強を徹底させます。もっとほかの企業や学校でもマネをしてほしいです。

**深代**　監督の柳澤久さんは、柔道ばかりやっていた者が現役選手でなくなったら、その後に何が残るんだと、はっきり言っていましたね。

現役選手に対して、柔道さえやっていればよいという考え方ではなく、しっかりと勉強させる方針でした。課題図書を一人ひとりに買わせて感想を書かせる。新聞の社説を読ませて討論会をする。漢字の書き取りテストの結果は壁に貼り出す……ざっと聞いただけでも、脳への刺激が多彩で変化に富んでいます。文武両道で生きる精神が生かされています。振り返ると、柔道の父である嘉納治五郎の教えそのものでしょう。

**長田**　体育会系は、つべこべ言わずにスポーツだけをすればよいと考える人が多い。その中で、スポーツだけでなく勉強をする努力を惜しんではいけないという指導ができるのは、監督さんに信念があるからだと思います。

**深代**　日本中がそれを手本にすれば、スポーツ界全体に加えて、スポーツ選手が総体的に変化することになると思いますね。

## 金メダルがとれれば、医師免許ぐらいとれる

**深代**　日本人でオリンピックに出場した後に、医者になった、あるいは弁護士や一級建

築士になった人は今までいませんが、外国では珍しいことではないわけです。

また話がもどりますが、ハーバード大学は歴代二〇〇人ほどの五輪代表選手を輩出しているのに、東大卒のスポーツ選手は少ない。東大生の身体能力が劣っていたわけではなく、要は発想がなかっただけで、「できない、ありえない、無理だ」と決めつけていたのは、自分の脳と社会的風潮なんです。

逆に自分は金メダルがとれたのだから、時間を費して勉強さえできれば、医師免許ぐらいとれるだろう、と発想できればいいわけです。

たとえば二〇一二年のロンドン・オリンピックの代表となる三〇〇人の選手が、大会後、何かのきっかけで、たとえば全員が医者をめざそうと発想できるくらい脳が自由になれたら、ドラスティックに日本は変わります。

脳は、生涯にその数パーセントしか使われていないと言われていますので、脳自体の活性化の主導権は個人個人が握っているはずです。

**長田**　「できない、ありえない、無理」という考えをしないところから、自分の発想をスタートさせるとしても、日本はひと昔前まで「いいえ、私にはとても無理です」という謙遜する文化を美徳としていました。かなり無理して買ったお菓子でも、お客様にお出しするときは「お口に合うかどうか分かりませんが……」などと言ってお出ししていました。

**深代**　最近でも若者は口癖のように「無理、無理です」と、よく言います。「無理」と言ったら、自分で自分に罰金を払うぐらいのつもりで、生きていってほしい。無理だとか、無理じゃないとか言っていると、そこからは何も始まりません。

口癖と言えば、最近の子どもを観察していると、「つまんない」と、よく言います。僕らが子どもの頃は、つまらないと思うと、そんな言葉を口にする前に、その遊びをやめて家に帰っちゃったものです。そして自分たちで遊び自体を工夫して、なんとか面白くしようとする姿勢が、暗黙の内に脳の中にあったんです。

ところが今は、ゲームで面白がらせられるのが当たり前で、常に受け身でいる状態なんですね。

大学での研究課題でも、「何をしたらいいか、教えてください」と学生が来ることもあります。ある程度の範囲や制約はあっても、研究は自由ですから、面白いはずなんです。自分のやりたいことをやればいいわけですが、それが発想できないこともある。アドバイスはしますけれど、受け身のことも多いのです。

昔はもう少し元気のいい者もいて、いろいろなテーマを持ってくるから、「それは今の時期少し難しいだろう」と、こちらがブレーキをかけたこともありました。今は言われたことをすればよいのだろう、という姿勢です。

## 子どもにはまずキャッチボールをやってほしい

**深代**　あるとき、授業の屋外実習が大雨でできなくて、体育館も狭いところしか使えないので、じゃあ「昔の遊びをやるか」と言って、学生たちと「ハンカチ落とし」をやったんです。

自分の後ろにハンカチを落とされた気配を感じることや、全速力で輪のまわりを疾走する動きなど、いろいろな条件を組み合わせられるので、ちょうどいいだろうと思ったんです。

「先生の子ども時代は、こんなふうにハンカチだけでも遊んだりしたんだ。どう思う？」と感想を聞いたら、学生に「寂しい時代だったんですね」と言われてしまいました。ゲームをできるのが楽しい時代だと錯覚しているのです。逆に言えば、自分で工夫して面白がることは、今の子は苦手です。

**長田**　何もない原っぱが少ないし、勝手気ままに子どもが遊ぶには、町中は制約だらけです。

**深代**　スポーツ基本法が施行されたことで、総合型スポーツクラブを小学校や中学校などで展開しようとしているのは、良い傾向だと思います。

ぜひそこでは、キャッチボールをやってほしいです。キャッチボールは最近すたれつつあるものですが、「投げる」ことは特に小さいときからやってほしい運動です。

投げるというのは、球を持った腕を後ろに残したままで上体を前にひねり出すことで、反動動作を引き起こします。体幹でつくったパワーをムチのように、肩↓肘↓手首↓球へと、順に伝えていきます。この動作は大人になってからでは習得するのが難しい。

だから広い場所でのびのびと、神経の発達時にある子どもの頃に体験してほしいです。

**長田**　キャッチボールはコミュニケーションですし、実は面白いです。プロ野球のキャンプ取材に行くと、キャッチボールは準備運動として必ずやるわけですけれど、選手は大変に上手いです。無駄のない動きで球をやりとりします。ボールを受け取って投げるという一連の動作からは、確かに子どものときからの運動の蓄積がいっぺんに透けて見えます。

　飛んできた球をキャッチしました↓構えました↓投げましたと、ふつうの人は三段階ありますが、プロ選手は「構えました」がない。捕った↓投げた、捕った↓投げたの二拍子です。落合博満さんのキャッチボールを見たときに、あまりに巧みなので魅了されたことがありました。

**深代**　二〇メートルなら二〇メートル、互いが離れた中で、胸元あたりにほどよく返球するには、実はテクニックが必要なんです。相手の捕りやすいボールをきちんとしたリズムで返すということです。流れるような全身の動きの中で、互いのことも観察していないと、快適なキャッチボールは続かない。

　東大の入試でキャッチボールをさせてみたいと思うのは、深い理由があるんです。人はリズムを持っています。心臓の動きに始まり、睡眠のリズム、活動のリズム、生命のリズムなどいずれも、脳と深く関わっています。良いリズムでキャッチボールができる人は、人間が生きていく上で欠かせない、基本のリズムが整っている人ではないかと、私は考えているのです。

## プラトンの教育の基本は音楽と体育

**深代**　哲学者だったプラトンは、アテネに自分の学校をつくって政治家や立法家を養成したのですが、彼は教育の基本は、音楽と体育だと大著『国家』の中で言っています。

音楽と体育のいずれも日本では主要五教科以外で、軽んじられている科目ですが、二五〇〇年以上前の哲学者プラトンは何を言おうとしたのか？　ということで、イメージを広げてください。

当時は合唱がさかんでした。祭り、ときには踊りも楽しみました。

今の時代のように知育偏重で、頭を優位にして、肉体を劣性と見るということはなかったと思われます。教育の基本が音楽と体育と言われると、少し感心して「さすがプラトンだな……」と思いますね。

**長田**　先ほどスポーツや体育には、私たちが思う以上の宝物がたっぷりつまっているという指摘がありました。プラトンもそのことに気づいていた。

**深代**　彼は、競技会で優勝するほどのレスリングの名手で、筋骨隆々の立派な身体でした。特に肩幅が広い（プラトン）という渾名《あだな》があって、それが彼の名前となって定着しました。

そのプラトンの弟子にアリストテレスがいて、彼のグループはペリパトス学派と呼ばれました。ペリパトスは今でいう遊歩道や散歩道です。そこを散歩しながら、つまり身体運動を欠かさずに、議論をしていたと言われています。

当時は戦闘があちこちで頻発していた時代ですから、身体が土台だという気構えは強かったでしょう。身体の鍛練への意識も今とは比べものにならないほどに、一般的だったはずです。

## 文字や数字では伝えられない「暗黙知」とは

**深代**　経営学で用いることの多い用語ですが、「暗黙知」って分かりますか。

**長田**　あんもくち、ですか。

**深代**　知識には形式知と暗黙知があります。形式知は、文字や図表、数式など形で表すことのできるもので、それ以外の知識を暗黙知と言います。マイケル・ポランニーという哲学者が提唱しました（人によっては暗黙知は「知ること」と「在ること」の間にどんな作用があるのか、と発見にまつわるこだわりへ引っぱって論じる人もいますが、今回は一般的に考えられている説をとっています）。

人は、長い間、知識を文字や図表、数式などで表し、言葉として蓄積することで学問にしてきました。

また政治や宗教など言葉にしないと分からないものもあり、また数字にしてこそ分かるものもあります。

たとえば私の身長が一八〇センチだとして、それが低いのか高いのかは、過去でも未来でもどんな時代とも比べられます。江戸時代に私がタイムマシーンで移動したら、身長一八〇センチは、見世物小屋へ売ろうというほどの大男かもしれませんが、一〇〇年後の世界では、身長一八〇センチは「小さい人」と言われるかもしれません。ともかく数値は置き換えられることで、世界中どこでも分かる普遍性を持つし、客観性を持ちます。

またテレビで、料理番組をよくやっています。画面では湯気が上がり、ジューッと焼ける音がして美味しそうですが、匂いとか味は、情報としてカットされています。噛みごたえや舌の上での味の転がり方やノドを通る感じなどは、想像するしかないですね。

実は伝えにくいもののひとつに、人の顔カタチがあります。知らない人と待ち合わせるとき、どうしますか。

**長田** 何か目印になるものを脇にかかえるとか、その日の服装を言い合うとか……。

**深代** 古くは合言葉を決めておいて「山」と言ったら「川」と返事するなどとしていたようですが、たとえば、顔を数字に置き換えるのは難しいです。眉毛二、目が二、鼻一、口一では、相手の顔を思い浮かべられません。

ところが脳がすばらしいのは、一度でも見たことのある顔は覚えていて、次に待ち合わせて会うことができます。「渋谷のハチ公前に六時」でよいわけです。数字や図表、文字に表さなくても、人間の脳は形式知以外のものを一瞬のうちに覚えてしまうんです。

**長田**　確かに年号や漢字、数式など、覚えようとしても覚えられないものや、覚えるのに苦労するものも多いですが、すぐに脳に入ってしまうものもあります。

## 長嶋語はスポーツの本質を伝えている

**深代**　脳は驚異的なんです。ぱっと見ただけで「何だかヘンな人」と挙動不審を感じることもできるんです。言葉にしにくい、「得も言われぬ感じ」を摑むんです。人混みの中であれ、あの人はどこかで会ったと分かってしまうこともあります。

かつて長嶋茂雄さんが、バッティングの指導で、球が来たときに、ファッと振れ！と言っていました。

マスコミは、長嶋語だと言って面白がると同時に、長嶋さんがその動作を文字化して説明できない人なのだと、少し茶化しました。

ところが、実は暗黙知は、こういう言い方のほうが伝わりやすいんです。たとえば相手が登場してきたら観察しなさい、という指示を「五メートル以内で二つの目玉を見つめて三秒静止」と言われても戸惑いますが「ギーッと、ジィーッと目を離さない」と言われたら、よく分かります。

ほかにも、相手の胸をめがけて二〇キロの力でぶつかれ！ と言うより、「ドーンと突っ込め！」のほうが理解しやすいでしょう。

スポーツは、「ワァ！ パッ！ ガンガン！」のような表現で、実にたくさんの暗黙知で伝え合い、分かり合っているんです。

**長田**　敵の様子や対戦する相手を見つめて、いつもより緊張している感じも摑めます。

**深代**　スポーツは暗黙知と密接なんです。「ワァ！ パッ！ ガンガン！」みたいに、文字化してもよく分からないことを脳が理解して、これを身体的に置き換えることになります。つまりスポーツによって暗黙知を磨くことができるのです。日常生活には、言葉にしにくい数値や、表、図になりにくいことばかりでしょう。それに対して感覚が鋭くなると言えます。

## スポーツは負けを味わえるから大切

**深代**　さらに試合になれば、心の動きの振幅が増します。勝ちたい、悔しい、失敗した、なんで結果が出なかったのかといった、強い内面の反省などが脳に働きかけ、脳を活性化することになります。だから子どもの頃に悔しい思いをすることは大切なんです。

私が子どもの時代はメンコをしました。メンコは負けると、相手に自分のメンコを獲られてしまいます。大切な気に入った道具を獲られてしまうと悔しいので、何とか上手くなって獲り返そうとします。自分から工夫や練習を徹底してやることになります。悔しさや腹立たしい気分が、努力につながるんです。

**長田**　スポーツは負けを味わう宝庫です。たとえば夏の高校野球は、甲子園に全国から四九校が出場してきて、最後まで勝つのは一校しかないわけです。ほかは全部敗れ去っていきます。勝利したほうに目が向きやすいですが、同時に一日に三試合も四試合も、負ける姿を見ているのです。

**深代**　負けの味を知ることのできるスポーツは、だからこそ大切なんです。

負けると自分の内面に目を向けます。悔しくて、情けなくて、もうこういう経験をしたくないと、みじめです。だからどうしても次は勝ちたいと念じます。

これは数学で公式を覚えて応用問題を解くのと似ています。勝つという答えを出そうとします。脳を使って、何とか問題を解こう、現状を打開しようとします。大切なことは、どうすればもっと上手くなるのか、もっと巧みになれるのかと、スキルアップしようとすることです。

## スポーツには「これでいい」という限界がない

**長田**　スポーツをやっていくと、実は「これでいい」というものがないのかもしれません。

**深代**　その通りです。節目はあっても答えはないに等しいでしょう。

スポーツはひとつの道なんです。ずっと続いていきます。勝敗があるものだと、その結果にとらわれますが、実は深くて分かりにくいんです。つまり答えがひとつではない。どうしたら上手くなるんだろうと、毎日考えながらやります。上手い人を見てマネようとしますが、自分の身体は人とは異なるので、考えます。たとえばバッティングで、どうすれば球を手元まで引きつけられるのかなどです。

水泳も同じで、昨日は上手く水をとらえられたのに、今日はなぜしっくりこないのか？　絶えず考えていくことで巧みになるし、脳も活性化するんです。なかなか上手くならないかもしれませんが、考え続けていくことで、脳の中から何かを引っぱり出してきます。

脳科学の最先端の研究で、運動が脳に良い影響を与えることが明らかになっています。運動中の脳活動を計測して、ジョギング中に前頭前野《ぜんとうぜんや》が特に活性化することが、明らかになりました。前頭前野の中に、運動前野という部分があり、ひとつひとつの筋肉を働かせる順序を決めます。

運動をするときは、ただ前を向いてジョギングするよりも、いろいろな走り方、たとえばジグザグ走行、後ろ向き走行などを組み込んだほうが、活性化が一層進むことも分かってきました。

ですから走りながら、何かとヒントを得ることも多いわけです。常に動きながら考えるクセをつけることで、脳はバランスよく活性化されるのです。

## 身体を使って覚えたことは忘れない

**長田**　スポーツは失敗の宝庫ですが、たまには上手くいって、天にも昇るような経験を味わうこともあります。

**深代**　試行錯誤を繰り返していくと「これだ！」と思える瞬間が必ずあります。上手くできたと思う成功体験は脳に記憶されます。

たとえば自転車に乗れるようになると、一〇年、二〇年ブランクがあっても、また自転車に軽々と乗れます。同じように子どもの頃に泳げた人は、その後に機会に恵まれなくても、定年後には、また泳ぐことができます。

ほかにもケン玉、ベーゴマ、たこあげ、お手玉など、子どものときにやったことを覚えていて、年をとっても孫の前でやってみせれば、拍手喝采となります。身体を使って覚えた記憶は「手続き記憶」と呼ばれて、人は忘れないのです。つまり成功体験、上手くいったという回路が必要なんです。

だから子どもの頃にキャッチボールをして、このように身体をひねると遠くへ軽々とボールを投げられたという記憶が残っていると、次にテニスやバドミントンをやったときに、子どもの頃にやった球を投げる動作を身体が思い出して、大人になって初めてラケットを握ったのに、すぐにコツを摑めたりするのです。

**長田**　スポーツには脳を活性化させる動作やしぐさが満載されているのだから、知にばかり力を入れずに、スポーツに力を入れるようにと、体育の先生やスポーツ従事者はもっと発言したほうがいいのではないでしょうか。

**深代**　私はもう何年も繰り返し言ってきました。ほかにもスポーツの魅力について発言してきた人は、いないわけではなかったのです。

現在、体育の先生になっている人は、スポーツで人生の扉を開けてきた人が多いはずです。でも脳と身体を一致させている実感を持たずに、スポーツの上達法やスポーツの教え方で苦心してきたのではないでしょうか。数学や理科など、他の科目を意識しないで体育の仕事をしてきたんだと思います。ですから、体育の先生自身の意識改革、つまりスポーツは総合知（図4）という認識が必要だと考えています。

## 一流プレイヤーは言葉が通じなくてもコミュニケーションできる

**深代**　スポーツの身体言語としての能力をもうひとつ思い出したのですが、言葉があまり通じなくても、スポーツの動作そのものが共通語になるんです。

たとえば外国に行って一緒にテニスをする、対戦する、またはダブルスを組んで一緒に汗を流す。ゲームが終わって相手に敬意を払います。「ナイス・ゲーム!」「ユー・トゥー」(「よくやったね」「あなたも」)、そんな会話でいいんです。ルールにのっとってゲームをすることで、すっかり仲良くなります。

一緒にジョギングをする。キャッチボールをする。身体を動かすと呼吸が合うんです。海外に留学して、いきなりディベートなんかしたら、ろくに言語が通じなくてコンプレックスで一杯になってしまうけれど、バドミントンや卓球をすると仲良くなれます。スポーツした後に何か飲んだり食事をしたりすると、すでに打ちとけていますから、言語能力も上がります。

**長田**　長嶋茂雄さんが陸上のカール・ルイスやボクサーのマイク・タイソン(元世界チャンピオン)と会話をするのを目撃したことがあります。

日本語と英語をチャンポンにして、長嶋さんは聞きたいことを口にしてしまう。相手も言ってくることが分かってしまって、楽しそうにポンポン返事をしてしまう。

脇に通訳さんがいても、通訳が追いつかないスピードで二人が話してしまう。スポーツ選手は、母国語以上の身体言語を持っているのだと驚きました。

**深代**　人間も動物ですから、まずハナから分かってしまうことがあります。それも暗黙知です。その人には好意を持つから、その人の気持ちが顔に出て、その後に「好きだ」という言葉になるわけです。同様に、「嫌いです」とわざわざ口にしなくても、態度で分かってしまうこともあるわけでしょう。

スポーツで暗黙知を磨くとは、自分の中の感性、たとえば肌で感じ取りやすくなることでしょう。

興味を抱き、好きになるかもしれないと思うことで、脳は理解力、思考力、記憶力を高めるのです。興味を持てるものを増やすことで、前向きになって何にでも取り組もうとして、脳は「できるかもしれない」という範囲を広げていくのです。

## 意識してお客さんを楽しませることができた長嶋さん

**深代**　長嶋さんはよくお客さんを意識していました。今日、球場に生まれて初めて足を運んだ人もいる、または生涯に一度だけしか観戦に恵まれない人もいる、と強く意識する人でした。だからその人のためにヒットを打ちたいし、どうしても打てないときは、大きくバットを振って帽子を飛ばしたりした。

一〇対〇で巨人がリードしている九回になると、「アーッ」とか言ってトンネルして、そろそろ帰ろうとするお客さんの足を止めたんですよ。「あれッ！　長嶋がトンネルしちゃった」とか言って、お客さんを笑顔にさせるんですよ。するとショートの広岡さんが、「長嶋、またあんなことやってる」という顔して、「ニヤーッ」と笑ってましたね。

**長田**　お客さんを意識して楽しませるという独得なパフォーマンスは、教えようとしても教えられないものだという気がしますが、脳はどんな状態なんでしょう。

**深代**　脳こそが喜んでニヤーッとして、指示を出しているんですよ。一言で言って「余裕」です。「アッお客さんが帰る、気分よく帰ってね」ということでしょう。

## マイケル・ジョーダン「空中に二秒」の秘密

**深代**　バスケ選手のマイケル・ジョーダンを覚えていますか。ダブル・クラッチといって、跳んでそのままシュートやパスをするのではなく、一度フェイントを入れる動作までしていて、空間に浮かぶようでしたね。スポーツメーカーが「ジョーダンは空中に二秒いる」とCMで流していました。

確かにそんな雰囲気がありましたけど、スポーツバイオメカニクスで言うと、二秒の滞空時間というのは、空間へ「一秒で上がって、一秒で落下」する状態ですから、落下の運動方程式から実際にはあり得ないんです。計算すると九メートル八センチを跳ばないと、「空間に二秒いること」にはならないんですね。走り高跳びの世界記録が二メートル四五センチですから、CMは虚構なんですけど、虚を楽しみましたね。

**長田**　そう言えば、以前に、クラシックバレエのダンサーの熊川哲也さんを見に行ったら、ジャンプすると下りてこなかったんですよ。

**深代**　それはニュートン力学としてありえないですが、観客に錯覚を起こさせるくらい、魅せるということを知っているんでしょうね。

動作の自動化と言うのですけれど、人は「さあ、歩く」という指令を脳が出すと、その後は何も考えずに歩くことができます。動作が自動化しているんです。それで歩きながら、上肢は自由に動かせるわけです。

　バレエの熊川さんもジョーダンも長嶋さんも、跳んだり球を操ったりする動作が自動化されているので、脳が別のことを考えて動作をつけ加える余裕があるのです。

　だからボールを持ったまま空間でフェイント動作ができたり、球が転がってきたけど、「トンネルしちゃおう」と、茶目っ気が出たり、いたずら心が出たりするんです。五感からの情報収集の入力に対して、脳は動作以外の出力で余裕を生むんです。


**長田**　それは言語の広がりでも同じだと思います。

　以前に漫才を見て驚いたことがあります。「やす・きよ」と言われて大人気だった西川きよし・横山やすしの二人です。お客さんの空気が重いと思うやいなや、やせて眼鏡をかけたやすしさんが、身ぶり手ぶりも混じえて思いもしない脈絡で話を進めて、演芸場の空気を鷲摑みにしていきました。

　場の空気を察知する能力も暗黙知ですね。その臨場感は生命そのものの躍動感を思わせ、言葉を発しているやすしという人の全力疾走に驚嘆しました。それはもう芸という枠などおかまいなしで、活火山のようでした。漫才というもので感動したのは、あのときだけです。

**深代**　音楽家、芸術家、噺家《はなし》もみな同じです。身体の自動化で、余裕がいろいろなカタチで表れるのだと思います。

# 第三章
# 脳体一致で生きよう

## 身体動作の習得は積み上げ式でコツコツと

**長田**　職種の違いはあっても、その子がどこまで脳体一致で自分を解放できるかが勝負だと考えますと、今現在の子育てに誤解が多くないですか。

**深代**　ここまでの話で、運動神経に良い悪いはないということは分かってもらえたと思いますし、運動オンチも遺伝だから……と、早々と諦める必要はまったくないというのも理解してもらえたと思います。

さらに誤解されているのですが、運動をやみくもにやればスキルが上がる、またはサッカークラブに入れたからもうそれでいい、と考えないでほしいのです。身体を動かすチャンスが増すことは良いことですが、身体動作をきちんと習得するのは、算数や英語、国語などと同じように積み上げのビルト式、ビルを建てるのと同じだと思ってほしいんです。

東京スカイツリー地上六三四メートルをつくるのも、三階建ての家を建てるのも、基本は同じです。理想をイメージしながら土台をつくり、骨組みをつくり、一階からつくっていきます。三階の部屋を早くつくってほしいと言って、柱の上に載せたら、ひっくり返るだけです。

ピアノの稽古も同じです、いずれブーニンのようにユンディ・リのようにステージに立ちたいと思っても、誰でもまずはバイエルからやります。

算数も1、2、3……と数字を覚え、たし算↓ひき算↓かけ算↓わり算、九九を覚えて、因数分解、そして定理を覚えて応用問題を解けるようになっていきます。英語だってA、B、C……を覚えるところからスタートします。

少年団で野球をやるときも、サッカースクールでも、みなと同じウェアを購入させられ、ウェアを息子に着せてはみたものの、すぐにスポーツをやめた……という話を聞きます。ウェアを着用したからといって、すぐに身体能力は上がらないのです。ひとつひとつポイントを押さえて、身体もA、B、Cから一歩一歩スキルアップしていくと思ってほしいのです。

## 「もも上げ」「腕振り」では速く走れない

**深代**　近年、スポーツバイオメカニクス分野は、トップアスリートの動作分析を力学的に研究することで、動きの本質を理解することができるようになりました。

ついこの間まで日本人は、速く走るコツは「もも上げ」と「腕振り」と信じていました。「ももを高く上げ、腕を大きく振る」ことで足が速くなると考えていました。

しかしこの方法では、いくら練習をしても速く走ることはできません。重視すべき点が間違っていたからです。

自分の身体の一部、手首を反《そ》らしたり曲げたりして動かしてください。手首は、どこの筋肉が動かしていますか。

**長田**　手首の筋肉だと思っていました。

**深代**　ではヒジの関節を動かして、どこの筋肉がヒジを動かしているのかを感じてください。

**長田**　ヒジも、ヒジ周辺の筋肉が、伸び縮みをしていると思っていました。

**深代**　身体は透けて中が見えないので、手首を動かしているのは、手首の筋肉で、ヒジを動かしているのは、ヒジ周辺の筋肉だと思いがちですが、正確ではありません。

手首を動かしているのは、手首からヒジにかけてついている前腕の筋肉で、ヒジを曲げたり伸ばしたりするのは、ヒジから肩についている上腕の筋肉です。実際に動く部位より、ひとつ上、つまり体幹に近いところに位置する筋肉が動きをつくっています。

**長田**　足も同じでしょうか。

**深代**　そう、足首を動かすのは、ふくらはぎ。スネを動かすのは、ももの筋肉です。

ですから「ももを高く上げ、腕を大きく振る」ときには動いているまさにその部位の筋肉が働いていると脳が思っていると、実際に働く筋肉と異なっているので、速く走ることはかなわないのです。

それまでは、一流選手の走っている姿を連続写真やビデオで撮影して、その動作の形をマネる方法を取り入れていました。それで、腕や足の可動の範囲に惑わされて、ももを高く上げ、腕を大きく振っていたわけです。

その後の研究で、一流選手の走りを力学的な視点から分析することが可能になり、「どの時点で、どの筋肉に、どのくらい力を入れているのか」が、分かってきました。

それでは、走るときに脚全体の筋肉を動かすのは、どこだと思いますか。
その発見は、それまでの日本の陸上界の常識を覆しました。「体幹」(図5)と「股関節」(図6)でした。

## 要になるのは「体幹」と「股関節」

**長田** 「体幹」や「インナーマッスル」は最近よく耳にする単語ですが、正確に分かっていない人が多いです。

**深代** 体幹は、首から腰までで、腕と脚を除いた胴体です。インナーマッスルは、身体の中にある深いところの筋肉です。「インナーマッスルを鍛えよう」という言い方をしますね。

股関節は脚のツケ根、大腿骨と骨盤をつなぐ関節です。この股関節まわりの筋肉を鍛えることで、脚全体をダイナミックにスウィングさせることができるわけです。
走りのスピードアップを図るには、脚全体を素早く引き上げ、素早く振りもどします。素早く引き上げるには、太ももを鍛え上げればいいと誤解している人が多いですが、股関節まわりの筋肉を鍛えることが重要です。

脚全体を素早く引き上げるには腸腰筋《ちょうようきん》、振りもどすときは、大殿筋《だいでんきん》とハムストリングスです。

**長田**　アフリカ系のトップランナーを見て、ふくらはぎや足首の細さにびっくりすることがあります。体幹はがっしりしていても、ふくらはぎ、足首が、カモシカのようで目を奪われますが……。

**深代**　股関節まわりの筋肉は必要ですが、足の末端を鍛えて太くすると、その分が重りとなって、重くなってしまいます。足先に重りをつけて走っている状態だと、速く走れないのです。

サバンナを疾走し、獲物を追うチーターを見てください。体幹は筋肉のかたまりですが、四肢は細長いです。

速く走る動物は、どこの筋肉を使って走っているかというと、背骨のまわりにある大きな筋肉です。あの発達した「体幹」の筋肉を働かせて、四肢をダイナミックにスウィングさせているのです。

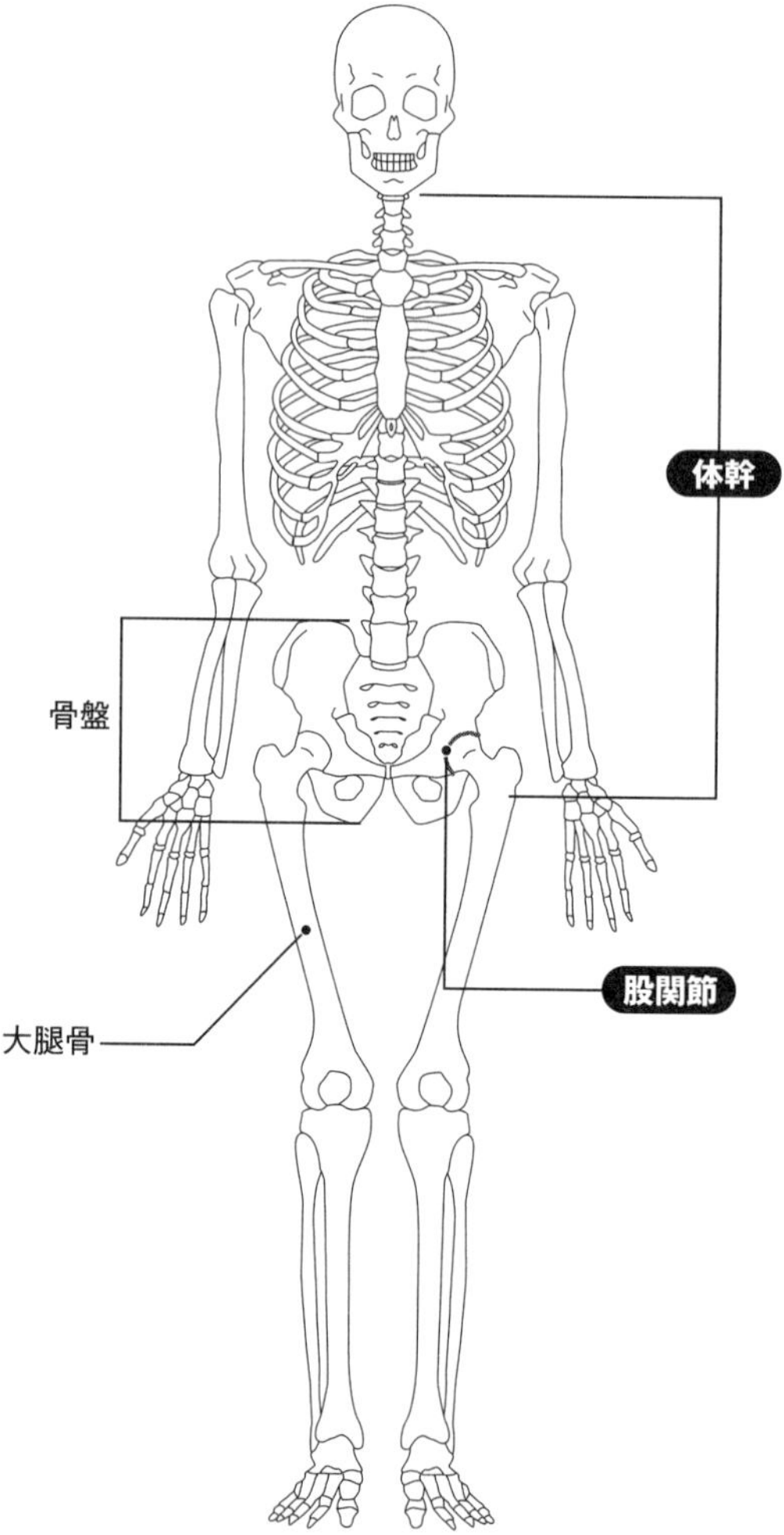


**図5　体幹と股関節**

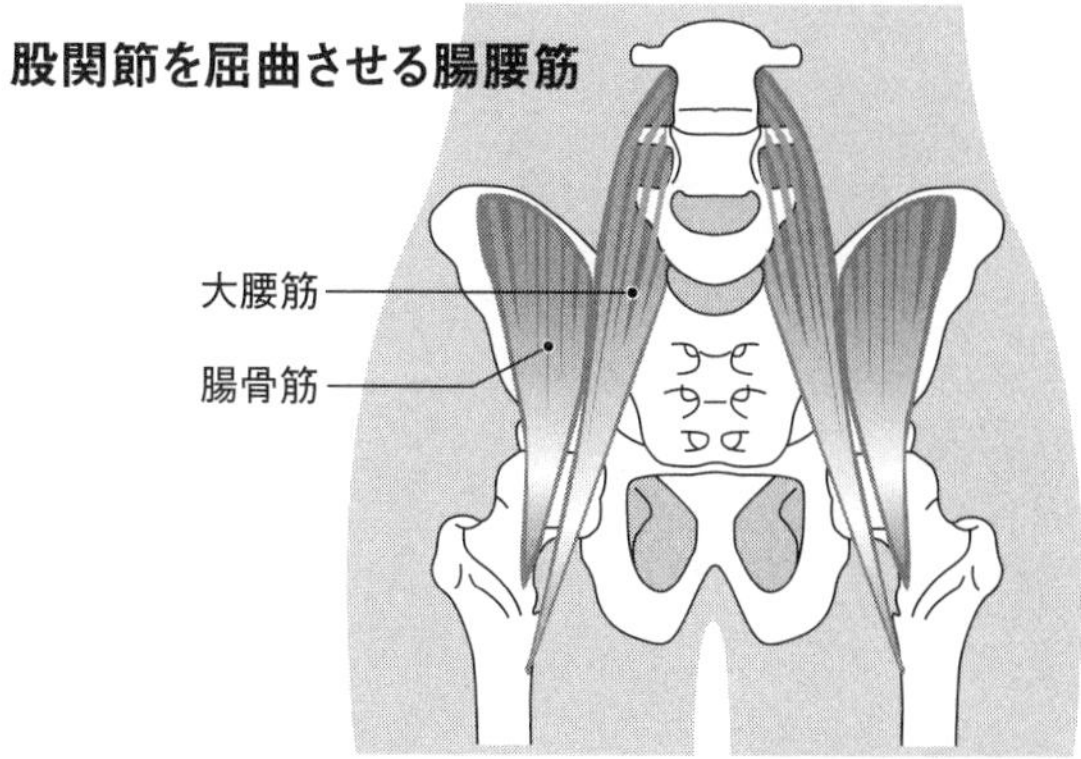


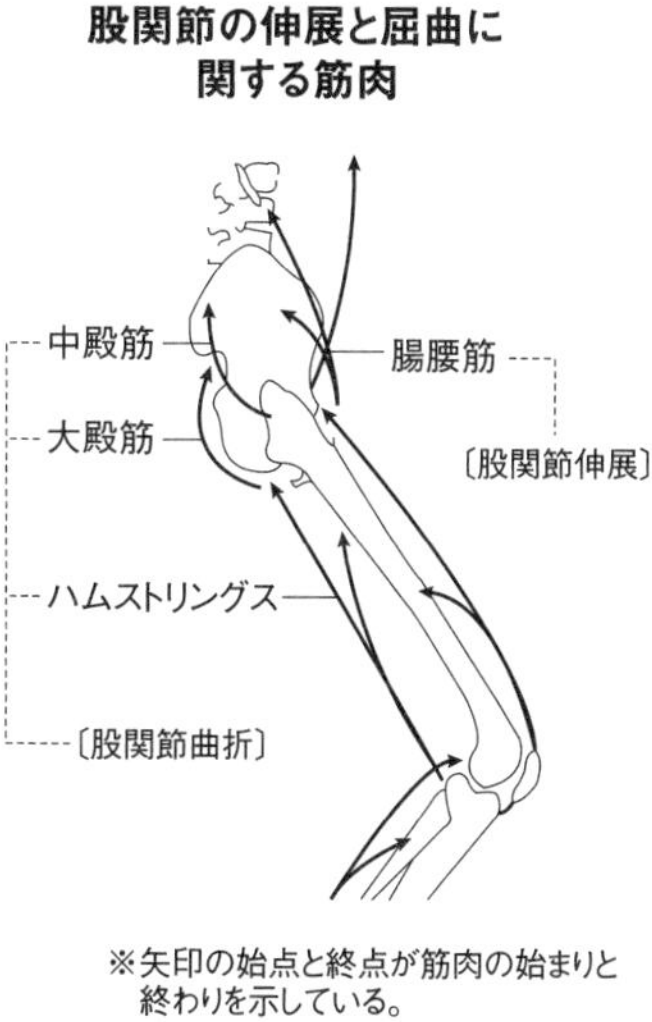

※矢印の始点と終点が筋肉の始まりと
終わりを示している。

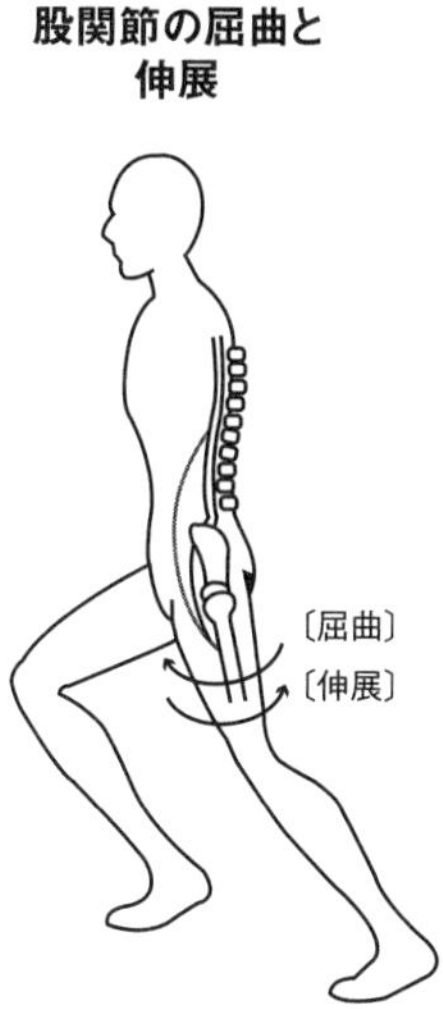


図6　股関節と筋肉の関係

## 日本人はボルトに並べるか

**長田**　一〇〇メートルの世界記録保持者、ジャマイカのウサイン・ボルトに日本人が並ぶことも夢ではないですか。

**深代**　マラソンは日本人に向いていますが、短距離はとても世界にかなわないと言われてきました。それが、このところ日本人の短距離走ではめざましい成果が上がっています。

一九九八年、バンコクで開催されたアジア大会で、伊藤浩司選手が一〇〇メートルで一〇秒〇〇を出しました。二〇〇三年にパリで行なわれた世界陸上選手権大会では、末《すえ》續《つぐ》慎吾選手が二〇〇メートルで二〇秒三八を出して、銅メダルを獲得しました。

日本人の足を速くすることは、まだまだ可能性を秘めています。体形的に有利とされている欧米人を押さえ、アフリカ系に迫る勢いを見せています。

東京大学大学院の私の研究室では、動作解析と並行して、コンピュータの中に人間をつくり、動作を理論的に分析する研究をしてきました。私たちの行なっているシミュレーションでは、ゲームのキャラクターなどと異なり、人間に可能な動きしかできないように、モデルの動作に制限を加えることで、実際の人物の生の動きと対応させます。

ですからこの研究がもっと進めば、ある選手のデータを入力するだけで、その選手の特徴から、どんな動作の指導が最も好ましいのかが分かるようになります。

二〇〇〇年頃は、アメリカやオランダの大学の研究が最も進んでいましたが、現在この分野では日本が世界をリードする立場になっています。

## 自分の身体についてよく知ってほしい

**長田**　研究の進み方にも注目して、幼児期から小学校低学年の、身体の巧みさを身につけるのに適した「ゴールデンエイジ」の子どもには、将来のために大切な時期を逃がしてほしくないですね。

**深代**　そう、可能性は無限です。速く走るのを決定づけているのが「体幹」と「股関節」だったという発見は、それまでの日本の陸上の常識を覆しました。私も陸上を長くやっていましたので、これさえもっと早く分かっていれば……と、大きなショックでした。

ただスポーツが脳を鍛える上ですばらしいのは、「そうか」と脳で理解しただけでなく、理解したことを脳が身体運動に置き換える出力まで伴っている点です。

どんな人の足も、きちんとした練習をすれば速くなります。そのやり方を間違えないことが重要です。たとえば、書道をします。師の手本のマネをして筆を走らせ、何十枚も書きます。このお手本が上手くないと、一度身につけたものを修正するのに手間がかかってしまいます。

走るのに必要な身体の部位をしっかりと理解し、そして感じてほしいです。前にもふれましたが、日本では人間の身体について学ぶのは保健体育の範ちゅうなので、なじみが薄い。女の子で虫の足を見るとトリ肌がたつ子とか、焼き魚を食べると「魚の骸骨が出る」と言ったりする人がいます。ですが、大切なかけがえのない自分自身の身体には、もっと慣れてほしいのです。

身体の中を三次元で意識することも脳にとって大切です。人の身体は、ひとつの袋です。ひとつの袋の中に骨や筋肉や腱《けん》、血液が入って、ゆさゆさしています。脳でこのような身体内部のイメージを摑んでおいてほしいです。

## 「腰を入れる」の鍵は股関節にあった

**長田**　日本の武道などでは、「腰を入れる」「腰の切れ」という言い方をします。これも掴みにくい抽象的な表現でした。

**深代**　腰はあらゆるスポーツの動きの中心です。日本人がこの「腰を入れる」という言い方で動きを説明したのは、驚くほど古いんです。江戸時代に『ターヘル・アナトミア』（解体新書）と言われる、解剖学の専門書が翻訳される以前だったのです。

この一度言われただけでは、「どこですか？」と面喰らう「腰を入れる」動きの鍵は、「股関節」にあります。「腰を入れる」動きとは、スポーツバイオメカニクス的に言うと、地面反力、すなわち地面に力をかけたときに返ってくる力を受け止めて、股関節で腰を回転させる動きなのです。

この動きは野球のバッティング、テニスのストローク、ゴルフのスウィングなどで見られます。これらの動作をするとき、左右の股関節を上手に使うと、腰が素早く回転します。そうやって体幹をひねることで、上肢の動作に余裕ができます。それにより、たとえば野球では、投手からのさまざまな変化球にも充分に上肢の余裕ある動作で対応できるのです。

また速く走ることも、これまで説明してきたように、「体幹」と「股関節」に密接に関わっています。体幹のひねりは、股関節を介して、二本の脚全体を前後にスウィングさせることの土台になっています。

そして、体幹のひねりをリードするのが、二本の腕の振りです。腕振りは、体幹をひねるために行ないます。

腕振りと体幹のひねりの関係を実感するために、たとえば、ビーチボールを持って全力で走ってみてください。腕を振らないことで逆に、体幹のひねりに気づくことができます。そして、腕振りと体幹のひねりのバランスを理解できるはずです。

微妙なバランスを実感したあと、走っている途中でビーチボールを離してみると、今度は腕のこなし方がよく分かるはずです。

腕を振るときには、力を入れるタイミングが重要です。腕振りは振り子と同じです。振り子を前に大きく振りたいときには、後ろから真下にいくところで力を入れます。す

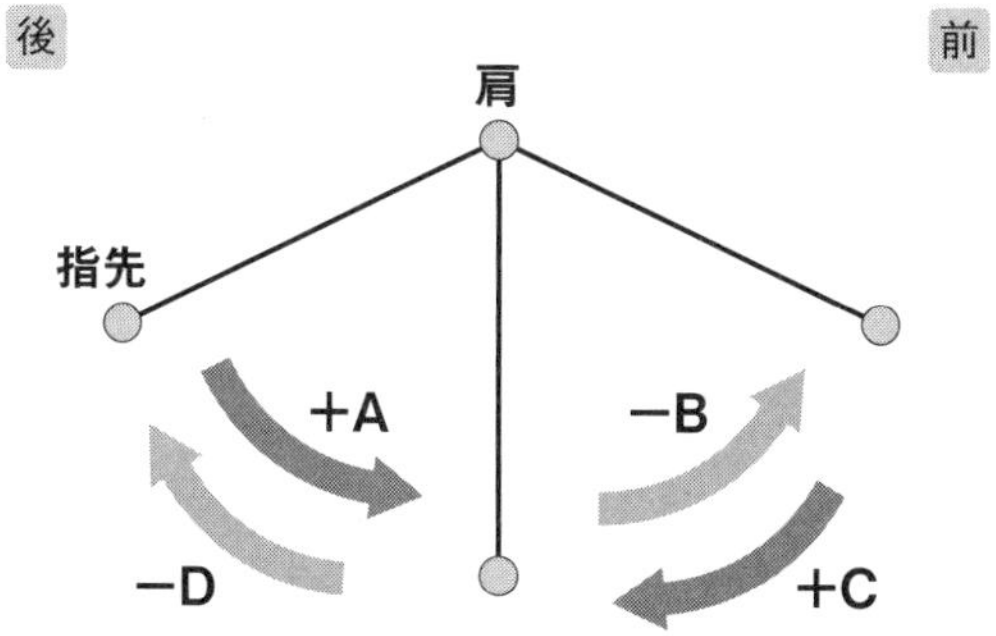


前に振るとき(A→B)では、Aの局面で力を入れる。
同じように後ろに振るとき(C→D)では、Cの局面で力を入れる。

**図7　腕振りの原理**

るとその勢いで振り子が前に大きく振られることになります。後ろに振るときも同じことです。腕振りも同じで、前に大きく振りたいとき(図7のB)に、力を入れるのはひとつ前の動作、図7のAです。力を入れるタイミングは、実際に動かしたい位置よりもひとつ前の局面で、ということを理解してください。

## 楽しんでやれば良い結果が出る

**長田**　「体育、スポーツ」と耳にして、「苦手、嫌い、やりたくない」と思う場合と、「面白そう、楽しいかも、できるかも」と感じるのでは、その時点で脳の働きが違うのではないですか。

**深代**　そうなんです。脳にはクセがあって、初めに否定的な要素でスタートすると、動きが悪くなります。面白いかも↓やっぱり面白い↓誉められた↓嬉しい・楽しいなあと、率直に脳が喜ぶことで、脳自体が自分の働きを良くして、次の新しいことに興味を広げるんです。

もしこの道中がなかなか辛抱を要するものだったとして、何年もかかって努力して初勝利がもたらされたりすると、脳は至福に満たされ、自分にとっての報酬だと考え、もっともっとその気持ちを味わいたいと脳は思うんです。

そして脳は同時に、その出来事を一番喜んでくれそうな人を探します。家族、コーチ、友人、その嬉しそうな顔を見たいんです。人が心から喜んでくれることを脳は深く覚えていて、二〇年たっても、そのときのその人の顔を思い出して、記憶として大切に持っているんです。そういう強い深い印象が脳にあることで、人は豊かさを感じていきます。

逆に何かをスタートさせるときに「苦手、嫌い、やりたくない」という思いが少しでもあったとすると、脳の中は、まったく異なる方向に進みますが、結果が良いと、好きでないものが一変します。

たとえば、初めて会った異性を「ヘンな人、ヘンな顔、感じが悪い」と思っても、何か別の場面で尊敬できる出来事にあうと、その人への印象を変化させ、「ヘンな人、ヘンな顔、感じが悪い」が好転することもあります。

**長田**　痘痕《あばた》もエクボですね。

## なでしこジャパンは「小さいからこそ勝てた」

**長田**　最近では、サッカーのなでしこジャパンがW杯で優勝し、続く五輪アジア予選でも大活躍をしたことで、選手や関係者ならずとも、日本中の脳に良い影響がもたらされましたが。

**深代**　ドーパミンやβ‐エンドルフィンなどで満たされ、脳内もごきげんでしたね。W杯の決勝では、アメリカと対戦しました。それまで一度も勝ったことがない、二四回闘って二四回勝っていないのに、最も大きな舞台で闘い、二五度目にして勝利したわけです。確率と統計でいけばアメリカが断然有利でした。

**長田**　たとえるならば、二四回不合格だった司法試験に、二五度目にして合格したような状況です。過去より今を信じることができたわけですね。

**深代**　まあ、そうでしょう。敗れることなど考えない、強烈な脳の働きもあったと思いますよ。

ただここには、一般の人の印象の落とし穴があって、観戦者一〇〇人のうち一〇〇人とも誤解していることがあります。アメリカやスウェーデンのあんな大きな相手に、あの小さな女の子たちがよく勝利したとみなが思っていることです。確かに、並ぶと大人と中学生ぐらいの身長差がありました。しかし、この差があればこそ勝てたと私は考えます。

一辺の長さが一の立方体と、長さが二の立方体を比較してみます。一辺の長さが二倍になると、立方体の面積は四倍、体積は八倍になります。

筋力は筋の太さ（つまり面積）に比例し、体重は体積に比例します。つまり、人間を単純に立方体だと考えると、身長が倍になると、筋力は四倍にしかならないのに対し、体重は八倍になるということです。言い換えると、身長が高くなると、体重を動かすための筋力が足りなくなります。これを「スケール効果」と言います。

日本選手と身長の大きいスウェーデン選手を比べると、スウェーデンの選手は身長比の二乗に比例する筋肉の力で、身長比の三乗に比例する体重を持ち上げ、動かさなくてはなりません。身長が高くなればなるほど、二乗と三乗の数値の差が開くので、筋肉の力が追いつかず、結果として動作がもたもたすることになるのです。

たとえば大きなスウェーデン選手が一歩でいくところを、なでしこジャパンは二歩でいき、さらにスケール効果でより小回りが利きます。この二歩は、サッカーの場合は右へ、左への選択も利くので、有利なのです。

なでしこジャパンは、「小さいのに勝てた」というよりも「小さいからこそ勝てた」とスポーツバイオメカニクスでは考えるのです。

## ノミはなぜ凄いのか

**長田**　深代研究室の壁に［ノミは凄い］という掲示がありました。

**深代**　ノミは垂直跳びで約三〇センチの記録を持っています。数ミリの身体で三〇センチとは、ノミの体長の一〇〇倍以上もの高さです。

私たち人間が身長の一〇〇倍を跳ぶことが、どれほど難しいかを考えてください。もし跳べたら、東京スカイツリーの頂上までは難しいとしても、オフィスがビルの七、八階にあるならば、遅刻しそうになれば跳び上がって非常口から入ればよいことになります。

ここで考えなければならないのが、先ほど述べた「スケール効果」です。数ミリの体長のノミが等身大で人間になっても、その身長に比例した跳躍はできないのです。

ただ陸上の記録会などで、緊張感で一杯になってカーッとしてしまったら、脳の中で「ノミになった気分でジャンプしよう」と思えば、周囲のライバルのことなどはあまり気にならなくなるでしょう。これを相手ノミ（飲）の理論と名づけますか（笑）。

**長田**　脳体一致の上で、脳がノミになる「人を飲み体《ノミタイ》一致」の法則ですね。自分だけノミに変身して、周囲は人間だと思え。ノミ様が一番ジャンプは得意です。ノミになれば、カーッと上がることもないです。充分に実力を発揮できます。

**深代**　受験などの試験場でカーッとしてしまいそうになるときに、周囲をカボチャだと思え、キャベツ畑だと思えと言いますけれど、なかなかイメージすることが難しかったですね。自分自身がノミになるほうが、脳としてはずっと受け入れやすいのかもしれません。

**長田**　昔から日本のレスリングは、大まじめに、試合近くなるとハブとマングースの闘いを見にいく修業をしていました。動物やヘビの闘いをどう生かしているのか疑問でしたが、ノミ化する脳に近いことだったのかもしれません。

## みなと同じ服を着ていると安心する日本人

**深代**　ところで、数年前にスキーに行ったら、女性のウェアは単色でした。翌年同じスキー場で驚きました。みな花柄でした。流行のトレンドが変化したんですね。見事でした。大学生も似たかっこうをしています。教育の均一化が、こういう点でも見られる気がするんです。女性はファッション誌で流行の色や服を見ます。それでみなと同じものに包まれるので、脳がすっかり安心するのでしょうね。動物で言えば「保護色」でしょう。

**長田**　みなで同じかっこうをしていることで、とびぬけない。ヘンに目立つことは得でないと思うことですか。

**深代**　パリやミラノを訪れると女性が美しく見えます。まず服を着なれた体形であることも土台としてあるのかもしれませんが、自分の存在が先にあって、流行をどう取り入れるのかを考えているのでしょう。流行は今年はコレ！　と分かっていて、それをどう自分は調理してみせるのか、を見せられている気がします。

フランス料理はソースに凝ります。日本は島国だから、海で漁をして、そのまま生で醬油をつけて食べるのが一番美味しかった。内陸部の広いフランスは、魚を獲ってから食べるまでに時間がかかるので、ソースで加工して食べてきたのでしょうから、アレンジすることは得意でしょう。

女の人も内面を含めて自分をどうきれいに見せるか（アレンジするか）ということは、一流な感じがします。おしゃれをすることにお金を使わず、脳を使っているんでしょうね。

日本はまだまだ、包装紙の文化が幅を利かせていませんか。昔は○○百貨店の包装紙であると、高級なイメージでした。中身はどこで買っても同じなのに、どこから送るのかが問題でした。今も人と同じモノを着ることで共通性を尊ぶのでしょうけれど、包装紙よりも中身、人間なら外見よりも思考（脳）ということが見えにくくなっていませんか。

## 木が一本一本異なるように人間も一人一人異なる

**長田**　近所に親しくしている植木屋さんのおじさんがいます。この人が、こう言うんです。「木を育てるのは、人を育てるのに似ている。日当たりの良いところに苗木を三本植えても、同じように育ちません。同じように水をやり肥料を与え、目をかけても、大風が吹いて二本倒れて一本が生き残ったりする。同じところに育つ木ですら差があるのだから、動きまわる人間一人一人には、何が起きるか分かりません……」と。

**深代**　面白いですね、木も人も自然ですから行く末は不明です。

私は群馬の田舎で生まれ育ったので、山の木を見なれており、都会に来ると、木に目がいきます。道路の脇の狭い土のスペースに、かなり太い樹木が植えられています。そこだけが自然を残して大地とつながっているようです。小さなスペースなのに文句も言わず、春には芽ぶき、夏は木陰をつくり、秋には静かに葉を落とす……確かに生きていますが、この先どうなるか分からないのは人と同じです。

東大の濱田総長のキャッチフレーズは「森を動かす」です。

タフな学生を育てるという意味がシンボライズされたものを「森」としたのでしょうが、森の前に、一本一本の異なる樹木の生命力、その基盤となる体力を上げるためにも、東大の入試に体育が必要なのではと思います。

## 脳体一致を意識して生きる

**長田**　人は自然と人間を分け、いかにも動物なんかじゃないというように、自分たちは一段高みにいるような気がするのですが、人間は動物ですよね。

**深代**　生物学的に言うと「動物界脊椎動物門哺乳綱霊長目ヒト科ヒト属ヒト（ホモサピエンス）」という動物です。

動物とは読んで字のごとし、動く生き物で、生まれながらにして動くことを運命づけられている生き物です。約六〇〇ほどの筋肉が身体にあります。あらためて言うのも何ですが、筋肉は、自分で動かせる随意筋と、思いのままにはならない不随意筋に分かれます。

個性というと「頭」ばかりを思い浮べる人が多いですが、個性は身体そのもののはずです。ですから知育偏重では、イビツなんです。脳体一致を意識して、生命体としての個性を広げていってほしいんです。身体を脳より下に見ることは不自然です。

**長田**　できる限り脳も身体も解放されたところで、その人にしかない無限の可能性を広げてほしいということですか。

**深代**　白いキャンバスに自分らしいものが描けるのは、すばらしいことです。「何を描いたらいいか分からない。何を描いたらいいでしょう？」ではなく、自分にしか描けないものを自分で探して堂々と描いてほしいです。

**長田**　そして自分らしいものを描き続けて、いかに大きく、成長途上の未完で終わるか……ですか。深代先生のお話をお聞きして、もう一度、幼い頃からやり直して、文武両道で生き直したいと思いました。

**深代**　今からでも遅くないです。八〇歳になっても筋量を増やせることも分かってきました。新しい勉強だって、はずかしがらずに、幾つになっても続けられます。

**長田**　できないと決めつけるのも自分の脳、やれると思い続けるのも自分の脳ですね。

**深代**　人の可能性は無限です。

## 子どもにとってかけがえのない時間だった「外遊び」

**長田**　では、最後にあらためて、ゴールデンエイジに身体を動かすことの重要性を統括していただけますか。

**深代**　昔の子どもは、外遊びを今とは比較できないほどしていました。その遊び仲間も同学年が二、三人で遊ぶというより、ガキ大将的な中心人物の高学年の子がいて、年齢はまちまちで、さらに小学校に上がっていない年齢の子まで加わるという、多人数で遊ぶのがふつうでした。

「入れて！」と誰か来ると、基本的にその子も加えるというような、子ども社会の不文律がありました。「入れて！」に対して、「あの子はイヤだ！」と、露骨にイヤな顔をする子がいたりすると、大将格の子が「そんなこと言うな！　みんなで遊ぼう」と、仲をとりもったりしていました。

そこには立派な子ども社会があり、暗黙のうちに、「楽しく遊ぼう」という気持ちの通じ合いもありました。仲間ハズレになる子がいると、その子について意見を言い合い、ときに言い争いになっても、それらの子との間をとりもつ子が出て、互いの立場を考えるコミュニケーション能力も育てることができました。

なぜ仲良く遊べたのかということを一言でいうと、遊ぶことを面白くしたかったからです。なぜ面白くなるのかと言うと、遊んでいるうちに上達がある、スキルアップが互いに感じられたからです。

たとえば、缶ケリ、大縄とび、三角ベースボールなど、毎日やると、目に見えてスキルアップします。熱中し、周囲が暗くなっても家に帰らず、親にしかられたりした経験は、昔の子はみな持っています。面白くなって「もう一回、もう一回」となり、エンドレスになってしまったわけです。

年齢や性別もマチマチな子がひとつの遊びで暗黙知を育てる、かけがえのない時間でした。

## 親も一緒にのびのびと楽しむのが大事

**長田**　だからといって映画『ＡＬＷＡＹＳ　三丁目の夕日』の昭和の時代にもどろうとしても難しいですが……。

**深代**　そう。だからあの時代のエッセンスを再確認してほしいんです。

幼児教育のリトミックや体操教室に通わせるのも悪くはないですが、それは商業ベースに乗っての教室です。

お金をかければよいわけではありません。子ども社会が成立するところで、子どもが自主的に工夫して遊ぶことで得られるものが一番大きいわけです。

遊園地のような、面白がらせてもらうという受け身でなく、何もない「原っぱ」で自分たちで勝手に工夫して遊ぶことが望ましいと考えてください。

公園へ行って遊ぶのも悪くないですが、「すべり台」「ぶらんこ」なども何もない、野原に近いところで、子がどうやって工夫して遊ぶか、または知らない子とコミュニケーションをとれるか、頭も身体ものびのび動かせるか……と、親は考えてあげてほしいのです。

ただただ広い公園などに行くと、子どもは初めは戸惑うかもしれませんが、そこで親がキャッチボールの相手をするとか、フリスビーを投げ合うなど……「ゴールデンエイジ」の初めの一歩は、ごくごく気楽なものでいいんです。

そこで親ものびのびと楽しみ、童心に返ってください。親が楽しそうだと、子どもにもそれが伝わります。「ゴールデンエイジ」を大切にするあまり、ついつい親が、コーチや指導者のような上から目線で「あーしろ、こーしろ」と言ったり、「ダメだな、ヘタクソ！　そうじゃない、いくら言ったら分かるんだ」などと言って教え込もうとしないほうがいいです。

何かするたびに親がとやかく言うと、逆に身体を動かすことを嫌いになってしまいます。

ですから、子どもがあまり上手にできなくても、ついこの間まで赤ちゃんだった我が子が成長して、「一緒にキャッチボールができるようになった」「一緒にボールを蹴ることができるようになった」と、のびやかな気分で、緑がまぶしい、風が気持ちよい……と、自然や天気とともに楽しめればOKです。

## キャッチボールや相撲ができる広場を見つけよう

**深代**　少し前の映画ですが、『フィールド・オブ・ドリームス』ってありましたけど、見てますか。

**長田**　はい、大好きな映画でした。あの映画は企画の段階では「こんな映画をつくっても誰も見ない」と難航したそうです。公開すると大ヒットしましたし、人の心に強く残る野球映画でした。

**深代**　そうそう、監督のフィル・アルデン・ロビンソンは、映画のラストを「この映画を多くの親たちに捧げる」と締めくくりました。父親たちが子どもたちとキャッチボールすることの意味をもっと真剣に考えてほしいと言い、キャッチボールをアメリカ人に再確認させたと讃えられました。

アメリカの親子の間には、長い長いキャッチボールの歴史があります。日本でも昔は、キャッチボールは一般的なものでした。それ以上に手軽にやったのは相撲でした。

どちらも互いのコミュニケーションのツールとして最高ですし、たいしてお金もかかりません。お金が偉そうな顔ばかりをしている世の中ですが、本質的に子どもと遊ぶことにお金をかける必要はないんです。

都内でもキャッチボールや相撲のできる場所はあります。その場所を親子で探すことから始めればいいんです。

昔のように自宅から一分のところには、そんな場所はないかもしれません。だったらそれを逆手にとって、「どこにあるかな?」「探検に行こう」と、親が童心に返ってください。思わぬところに思わぬ場所を発見することも少なくないです。それがまた発見の喜びにもなります。

ただ、広い空間を満喫し、「さあ、何をしよう」と遊べばいいんです。

そして子どもとの秘密の空間で、同じような家族や親子と出会えれば、楽しさは増します。もし一緒に縄跳びをしたり、キャッチボールができれば、次にその場に行くときに「またあの子に会えるかな?」という楽しみが増しますね。

ゲームが遊びの主流になって、一日の大半を液晶画面を見続ける子どもの日常は、どう考えてもイビツです。それを親は再認識してほしいですね。二〇〇万年もかかって進化してきた身体が、ここ二、三〇年で身体を動かさない時代になってしまったことを重く受けとめてほしいのです。

## 身体を動かすことが空気になるように

**長田**　もし親がせっせと外遊びへ連れ出すうちに、子どもが「ねぇ外へ行こう」と言い出したらどうですか。

**深代**　もう大勝利。「巨大資本のゲーム産業に勝ったぞ！」とガッツポーズをして、祝杯をあげていただきたい。「ゴールデンエイジ」に乾杯です。

　絶対にゲームをしてはいけないと、言っているんじゃないんです。まず、子どもが身体を動かすことを好きになる、いや、好きだという強い気持ちでなくても、身体を動かすことが、その子にとって、昔のように「空気のように自然なもの」にさえなっていれば、その子の未来は必ず開けていくと、親は信じていいのではないでしょうか。

　できるだけ、その子が自らの手でオープンしていける、可能性の扉が幾つもあると信じてください。そのためには脳と身体を分けて考えない「脳体一致」です。「ゴールデンエイジ」を大切にすることで、次のその子の扉が開けていくと考えてほしいです。

## 久しぶりに身体を動かすならストレッチングから

**深代**　寂しいと思うのは「メタボになってしまうぞ！」というような脅しでスポーツを始めることです。それはスポーツの本質ではありません。

たとえば風邪をひいたとして、苦くてマズい薬だけど、仕方がないから飲もうか……と言って、イヤイヤ飲む薬と、「メタボになっちゃうからスポーツでもするか」は同じ意味あいですよね。嫌いなんだけど、しぶしぶイヤなことをするのは、脳の活性化によくないんです。

**長田**　確かに「面白そう……」とアプローチをするのと、「イヤだけど仕方なく……」は、対極になります。

**深代**　そう。メタボになるのが怖いからしぶしぶスポーツをしなくちゃ……というように脅されてスポーツをするのではダメなんです。

では、どう考えるとよいか。実は今までスポーツとは出会ってこなかった人生だったが、汗をかいてシャワーを浴びたときの爽快感は格別な味わいらしい……あるいは、歩く時間を増やしたら、自然の移り変わりを感じられて楽しい……など「楽しい、面白い、快感だ」ですと、持続可能になります。

また医者にスポーツを勧められ、何年ぶりどころか、何十年ぶりに何かスポーツをしようとして、「スポーツクラブ」への入会を真っ先に思い浮かべる場合も、なかなか続きません。

**長田**　入会金を払って会員になっただけで、実はクラブに通わない人を何人も知っています（笑）。

**深代**　スポーツクラブへの入会が悪いというのではないですが、入会して急にスポーツをやって、身体のどこかを痛めてしまう、あるいは急にスポーツすることで身体への負担が大き過ぎてしまうことも少なくない。そうなると本末転倒なんです。

まず久しぶりに身体を動かす人にやってほしいのは、ストレッチングです。それも心臓から遠いところから、ゆっくり、じっくり、自分の身体を感じながら伸ばして、曲げる。少しずつ、少しずつ、テレビのＣＭの間にやるだけでもよいです。

## その日その日の身体の声に耳を傾ける

**長田**　長いゴルファー人生を送る青木功さんは、エイジシュート（自分の年齢より少ないスコアでラウンドする）を二度も達成して、プロゴルファー仲間からも尊敬されている方ですが、ラウンドする前に毎朝、四〇分間もストレッチをして、身体のその日の声を聞くと言ってます。

**深代**　すばらしい。

人間の身体は精密に本当によく整ってできています。足首を動かすのはふくらはぎの筋肉ですし、脚全体を素早く引き上げるのは腸腰筋で、脚を振りもどすのは大殿筋とハムストリングスです……という話を、速く走るには……というところでしました。

どういう構造でどのような仕組みで身体が動いているのかが感じられると、自分の身体そのものへの愛情が違ってくると思うんです。

どこをどう動かしているのか、を意識する。じっくり曲げる、そのときに呼吸を止めない……など、身体を効果的に動かすのは、脳で意識して確認しながらやっていただきたいんです。

**長田**　背中を一枚の板のように思っている人も多いですが、実は蛇腹のように動くのだと知ることで、身体への意識も変わります。

**深代**　身体は不思議なもので、調子が良いときはふつうだから意識されないんです。どこかが痛い、どこかが不調だと、初めて意識されて「あれ、どうしたんだろう」となる。そして具合の悪さがなくなると、また身体は意識からはずれます。

意識下に置かれなくなったときも、身体の中は懸命に生きようと活動をしています。だから不調になる前に、自分で自分の身体をいたわってあげる気持ちで、スポーツをするクセをつけてほしいんです。それもまた脳体一致です。

## よく動き、よく疲れ、よく眠る

**深代**　脳と身体は協調関係にあります。かけがえのない、たったひとつしかない自分の身体です。大切にしてあげる意識を脳が持つことで、身体はその意識に応えようとします。大人になって身体を動かそうとアプローチするときは、慌てないで、ゆっくりゆっくりいたわるように始めてほしい。それがコツです。

**長田** 現代の人たちは脳と身体を分けて考えることが多かったので、身体を脳より一段下に見て、「脳の言うことをきけ！」という気持ちが強いかもしれませんが……。

**深代** どちらもかけがえのない自分のものです。生きている間は、脳体一致でフル活動できるのが一番いいですね。

そのためには良い睡眠が必要です。昼間、身体を気分よく動かす脳体一致活動で充分に疲れることで、夜はよく眠れることになります。

よく眠れるから、よく身体も脳も一緒に動かせる。よく動いたから、脳も身体も疲れてよく眠れる。昔から人類はそうやってきたのですから。

# 第四章　東大からプロ野球選手

――松家卓弘

©H.N.F.

**松家卓弘【まつかたかひろ】**

一九八二年七月二九日生まれ。香川県高松市出身。右投げ右打ち。香川大学教育学部附属高松中学校、高松高校を経て東京大学入学。高松高では一年生からエース。二年生の県大会で優勝し、四国大会ベスト4進出。三年生春の県大会で準優勝するも、夏は三回戦で敗退する。東大では二年生春からエース格となり、最速一四六キロをマーク。四年生の秋の対明治大学戦で、東大としては三七年ぶりの完封勝利を収める。通算三勝一七敗。二〇〇四年のドラフトで、横浜ベイスターズより九巡目で指名を受け、入団。一〇年三対三のトレードで北海道日本ハムファイターズへ移籍。通算成績〇勝一敗。

## 一分一秒でも長く遊ぶにはどうしたらいいか

「小学校のときは、クラスで一番デブでした。学校代表で相撲大会に出たほどです。だから小四で近所の野球チームに入ったときは、キャッチャーでした。別に俺が、俺が……ってタイプじゃなかった。

ところがピッチャーをやっていた子が転校してしまって、それで自分にお鉢がまわってきたんです。やってみると面白くて面白くて、のめり込みました」

松家卓弘は打たれても泣きながら投げ、頭の中は野球で一杯の生活になっていった。

そんな彼に両親は〝三つの約束〟を示した。

宿題は遊びに行く前に終わらせること。夕方五時までの帰宅を厳守すること。夜は八時に寝ること。

「これらの約束は、ウチは絶対に守らなくてはならなくて、もし帰りが五時を少しでも過ぎたら、翌日は遊びに行かせてくれなかった。どうしても遅くなるときは、事前に交渉して許可を取らなくてはならなかった。夜も必ず八時には寝てました。見たいテレビ番組はビデオに録画してもらっていました」

規則正しい生活の中で、彼は常に考えた。

「毎日いかに早く宿題を片づけるか。一分一秒でも長く遊ぶにはどうしたらいいのか(笑)。自分の中では、遊びと野球は同じ意味のものでしたから」


**「野球しかしていないと、ほかの奴に負ける」**


小学校も終わりに近づいた頃、父が珍しくつぶやいた。

「野球しかしていないと、ほかの奴に負けるぞォ」

その言葉は彼の胸に深く響いたという。

「幸いなことに宿題しかしていなかったのに、学校の成績は悪くなかったんです。でも野球しかしていないのは図星でした。そこで考えて、中学を受験しようと目標を掲げたんです」

二歳上の姉の友人が入った、国立香川大学教育学部附属高松中学校を彼は頭に浮かべた。

「そこに野球部があることをまず確認して、六年生の一二月から受験用の塾に通いました。ふつう、中学受験をする子は、もっとずっと前から塾に通っていますよね。だから急に思い立って塾通いを始めたら、かなり成績に差があって面喰らったんです。隣の子と答案を取り替えて採点すると、隣はいつも八〇点くらいとるのに、自分は五〇点くらいでした。

塾の先生にも『これでは志望校は難しいですね』と言われていましたが、児童会の副会長だったり、野球をやったりといった活動を評価されたようで、合格したんです」

中学に入ると、さっそく野球部へ入部したが、部活時間が一時間ほどしかないことに驚いたという。

「限られた時間でいかに有効に練習するか、チーム全員で知恵をしぼるんです。みなでチームの現状を把握して、何を集中的にやるか？　練習内容を決めるのも生徒たちだけでした。顧問の先生は練習内容について、何ひとつ言わなかったです」

顧問の先生がする話はいつも同じ。県大会で優勝したときも変わらなかった。

「野球部が活躍したときに、『あの子たちなら当然』と言われるようでなくてはならない。掃除でも何でも率先してやり、ほかの生徒の手本であるようでなくては、野球部員じゃないぞォ！　と常に言われていました。耳にタコができるようでした」

話の内容について反発はなく、むしろプライドを持って野球をやれと言われたことで、視野が広がっていった。なぜならそれまで彼の心の中で、野球は常に遊びと同意語だったからだ。

## 文武両道の進学校で甲子園を目指す

親からは、この頃どんな言葉をかけられていたのだろうか。

「野球については一言もなかったです。『最低限の勉強だけはおろそかにするな』とだけは言われてました。自分でも率直に勉強は大切だと思っていました。ただ、今は野球をやっているんだから甲子園に行きたい、と願っていました」

県大会での活躍から、野球強豪校からの勧誘もあった。

「甲子園に行きたい希望は強かったので心は動きました。でも、野球しかしないのは楽だろうけど、やりたいこと、楽なことばかりやるのは、逃げることなのではないか？

という後ろめたさが、自分の中では強かったです」

〝野球はやりたいことで、勉強はしなくてはならないこと〟という色分けが心の中に育っていたのだという。

そこで野球と勉強が両立できることを考慮して、進学校である香川県立高松高校を受験して合格した。

高松高校は、勉強以外に「もうひとつ何かをやれ」という文武両道の校風だった。当然のごとく野球を選んだ。

「野球部の練習は七時までで、学校の帰りには必ず仲間と讃岐うどんを食べに行き、それから自転車で三〇分ほど走って自宅に帰り、さらにまた夕飯を食べ、一〇時から一一時半までは予習をしました。

一二時には絶対に寝たいので、英語の単語調べをし、古文だけは教科書を読んで、理解できない不明点を見つけておく。その分からないところだけ、授業中は集中して耳を傾けました」

数学だけは、高一から学校近くの塾に行っていたという。

「学校専用みたいな塾で、水曜と金曜に通っていました。野球の練習を終えて、うどんを食ってから行くので、到着は毎回八時半過ぎでした。でも塾の先生が理解してくれて、待ちかまえていてくれた（笑）。塾での授業の前半部分を端折《はしょ》ってくれて、要はこういうことだとピンポイントで教えてくれたんです。それも自分の性に合っていて、数学の成績だけは良かったんです」

高校入学時に三六〇人中で二ケタだった成績は野球に精を出すほどに下降したが、気に留めなかった。

「自分は野球をやっているから勉強する時間がないが、時間ができて本気でやればなんとかなる、と思うようにしていました」

野球部での活躍は著しかった。二年生秋の県大会優勝、四国大会ではベスト4進出。三年生春は県大会準優勝。甲子園を目指す最後の夏は残念ながら三回戦敗退。

結果として甲子園出場の夢は叶わなかったが、文武両道の生徒として、彼の評価は、学校内で高かった。

## 慶應の指定校推薦をあっさり辞退

あるとき彼は職員室に呼ばれた。

「慶應義塾大学に指定校推薦の枠がひとつある。お前にどうか？　という話が出ている。どうするか？」

エエッ!?

「初めは嬉しくて飛びつきそうになったんです。ただその後の先生の話で、『それで慶應に決まっても、周囲の生徒の士気が落ちるから、八月は勉強しているフリをしておけ。遊び回るのは厳禁だぞ』と釘をさされて、それじゃ何だか裏口入学するみたいじゃないか、と妙な気分になったんです」

ラッキーな提案への答えを保留したまま、親には一言も相談しなかった。

しかし、頭の中は進路で一杯だった。すると、間もなく定年を迎える担任の先生が、声をかけてくれた。

「『わしも長い間、いろんな生徒を見てきたが、後々のことを考えると、苦しんだほうがいいぞ。松家、お前は新聞読んで記事の内容が分かるか？』と言われて、家に帰って新聞を広げたら、さっぱり理解できない自分に気づいたんです。こりゃマズい。勉強しなくちゃと思いました。

だいたい狭き門だからこそ、そこに入りたいと思うわけで……。何だかハードルは高いほうがいいなと思ったんです」

彼はあっさりと慶應の指定校推薦を辞退した。

「しかし六大学で野球をやりたい思いだけは、日に日に強くなっていきました。早稲田はユニフォームの下のアンダーシャツが白で高松高校と同色なので絶対にイヤだと思い、慶應の紺色シャツに憧れがあって、〝慶應の練習〟に参加したんです。ところが浪人生が多く、金髪の奴もパラパラいて、自分の行きたい野球部のイメージと程遠かったんです」

さて、どうしたらいいのか？　と自問自答するうちに閃《ひらめ》いたという。

「当時、姉も私学に行ってまして、自分まで慶應に行ったんじゃ家がツブれてしまうと思ったんです。この経済的状況でも行ける大学で、しかも六大学、そうだ、東大へ行きゃ、どっちも満たしてOKじゃないかと、思いついたんです」

このとき初めて彼は、「東大で野球をやる」という思いを明確にしたという。部活動のなくなった秋から心を決めて、一日一二時間は机に向かった。

「寝ないとダメなタイプなんで、受験勉強中でも最低八時間は寝ていました。八時間眠っても、あと一六時間あるわけで、食事や風呂を二時間と考えてもまだ一四時間はあります。朝四時間、昼四時間、夜四時間と分けて勉強しました」

## 東大に入ったからこそプロになれた

受験予備校には通わなかった。

現役で東大文Ⅱ合格。

「東大に入って本当に良かったです。もしほかの学校に行っていたら、エースとしてのポジションにつけなかったと思っています。東大で場を与えられたということで、プロの目に留まったんです」

東京六大学リーグでは三勝を挙げ、二〇〇四年、ドラフト九巡目で横浜に指名される。

「史上五人目の東大卒のプロ選手というと、『頭いいんだ』と思われがちなんですけど、単位の履修取得が一単位だけ足りず卒業できなくて、プロになってから、春のキャンプの終わりにまた大学へ戻って、試験を受け直したりしていました。だから人が思うほど順風満帆なわけでもなくて、何とかツジツマ合わせをやってきているんです。

東大にもたまたま入れたようなものなんですが、ただ言えることは、野球と勉強の両立は無理だとは考えないほうがいい。無理と考えた時点でできなくなる。それを自分の中での言い訳にするから。勉強したことが、後になって野球の中で生きる部分もあるはずですから、どっちもやるのが一番良いと思います。辛《つら》いことから逃げるのは良くないですよ」

（文・長田渚左）

第五章

# 東大からJリーガー

――久木田紳吾

©2004.F.O.S.C.

**久木田紳吾【くきたしんご】**

一九八八年九月二四日生まれ。熊本県熊本市出身。小三からサッカーを始める。スピードを武器とするストライカー。熊本高校を経て東京大学入学。高校時代は全国レベルの実績はないが、大学では中心選手として活躍。大学東京都選抜メンバーにも選出される。二〇一〇年J2ファジアーノ岡山の特別指定選手となり、一一年一〇月三一日、栃木SC戦でJリーグデビューする。二〇一二年シーズンは二七試合に出場し四得点を上げる。史上初の東大卒Jリーガー。

## 小学生の頃から文武両道

「小学生の頃から、文武両道って言葉が好きでした。親に教わったのか、本で読んだのか、忘れましたが、勉強もスポーツも両方やるのが良いと、初めから信じ込んでいました」

久木田紳吾は自負心の強い子どもだった。

「親や先生、友達に『凄いねェ』と言われると嬉しくて、もっともっと誉められるようになりたいと思いました。通知表を見たときに祖母が喜んでくれる顔も好きでした。要は目立ちたがり屋だったんです」

成績は図工が「４」で、それ以外はすべて「５」。ピアノも弾き、スポーツも万能、走っても速いので運動会でもヒーローだった。

## 生まれて初めて手強いものに出会った

「一緒に遊んでいる友達から、『気持ち悪いほどデキる』と言われたりしました（笑）。

でも、授業中にボーッとしていてできたわけじゃない。『分かりたい、分かってみせる』と真剣に取り組んで、カリキュラムは授業中にマスターするんだと積極的に授業を受けたんです」

その背景には小三から始めたサッカーがあったのだと言う。

「両親とも身体を動かすのが好きで、僕も自信があったんです。ところがサッカークラブに入ったら、幼稚園からやっている子どもばかりで、自分はとても下手でした。ボールを浮かすこともできなくて……」

試合に出してもらえるようになったのは、小五になってからだった。

「上手くなりたくて、上手くなりたくて、熱中していきました。ちょっとの時間を見つけてはボールを蹴っていました」

生まれて初めて、手強いものと出会ったという印象だったらしい。

「中学までは勉強で苦労した記憶はないです。親からも『宿題だけはやりなさい』とか言われなかった。塾に通っていなかったんですが、授業中は毎時間のように質問して積極的にやってました。一番にはなれませんでしたが、学年で二番か三番でした。ただしサッカーは努力してましした」

高校受験を意識したときに、初めて志望校の選択で頭を痛めた。

「サッカーの強豪校へ進むか、普通校へ行くかで迷いました。サッカーを徹底してやりたい気持ちはあったのですが、他校の選手と比較して、サッカー一本で道を切り開く自信もなくて……。進学校で、サッカーでも（当時の県大会で）ベスト４だった県立熊本高校を志望することにしたんです」

しかし、彼自身の中では、その選択がどこか本気でないという思いもあって、今ひとつ受験に集中できなかったと言う。

「入試間際まで、一人でボールばかり蹴っていました」

それでも県下屈指の進学校、熊本高校には合格した。

高校に入学するとすぐ実力テストがあり、そこで過去に覚えのない惨憺《さんたん》たる成績を取った。

「学年で半分以下の順位でした」

彼は、試験結果を冷静に受けとめた。

「その頃、まわりの子たちは、さっそく耳にピアスを開ける奴が出たりして、高校生になったという解放感が漲《みなぎ》っていました。自分は受験の燃焼度が低かったので、また自分らしくコツコツやれば、こいつらは抜けるはずだと思いました」

その後は勉強に集中し、次のテストで八番になった。

## 分かるまで質問してその場でマスター

いわゆる負けず嫌いなのだろうか？

「いや、自分は何でも人に負けたくないというタイプではない。ただサッカーと勉強だけは負けたくなかったです」

東大に入る人は、CMソングを一度耳にすると覚えてしまうなど、暗記能力が非凡な人も少なくないが？

「テレビのIQ値の高いクイズなども全然弱いし、非凡なものは何もないです。あえて自分の武器を探せば、分かりたい、だから分かるまで質問するという取り組みだけです。地道にコツコツ分かることをモットーとしていました。

実は自分は小、中、高と学校を一日も休んだことがないんです。学校も好きでしたが、それだけ授業も大事にしていました」

高校時代の一日のスケジュールはどんな構成だったのか。

「毎日七時三〇分ぐらいまで部活、家に帰り風呂と食事。九時三〇分から一時間半ほど予習をしていました。先生によって、一から丁寧に教えてくれる人と、いきなり問題を掲げて考えさせるタイプとがいるじゃないですか。だから問題から入る授業だけ予習して、授業中に質問をして、その間にマスターしてしまうようにする。子どものときから同じやり方でした」

## やりたいことはサッカーだけ

大学受験が話題になる時期になると、将来はどんな仕事をしたらいいかと、熱心に調べたと言う。

「商社マンや薬剤師など、どんな学科に行けばいいのか。あるいは仕事の内容なども把握したんですよ。ところが、いざ自分が!?　と考えると興味が湧かないんです。自分が何をやればいいのか不明でした」

そんな折に東京大学構内を見学するツアーに参加した。

「東大は一、二年は教養課程ですから、その間に何をやればいいか考えられる。これは良いと思ったんです。他の大学だと初めから学部や専攻するものを決めて進まなくてはならない。東大の猶予を魅力的に感じました」

彼のやりたいことは、そのときはサッカーしかなかった。

「ただ自分には、サッカーの強豪大学やプロから勧誘が来たりというわけではなかった。サッカー以外の道も考えておかなくてはならない現実があったんです」

だから東大でサッカー部に入るところから始めよう……と考えたのだ。

もし不合格だったら、浪人をする覚悟だったのだろうか。

「とんでもない。浪人などして一年サッカーができなかったら、滅茶苦茶にスキルが落ちてプロへの道が閉ざされるだけですから、東大に入るしかないと思いつめていました。正直苦しかったです。一日九時間は机に向かっていました」

## 誰もやっていないことこそ挑戦する価値がある

現役で、東大理IIに合格。

入学式で福島智《さとし》教授の祝辞に心を揺さぶられた。

福島氏は生後五カ月で眼病を患い、三歳で右目、九歳で左目を失明。一八歳で突発性難聴で聴力を失った全盲ろう者で、東大先端科学技術研究センター教授を務めている。

「福島先生は自分の声を聞くことはできないそうですが、通訳の女性が先生の手に『指点字』で伝えると、自然に話された。『誰も挑戦したことがないことこそ、挑戦する価値がある』とおっしゃった。そのとき子どもの頃からの漠然としていた夢がひとつにまとまった気がしました。Ｊリーガーを目指そうと思いました」

東大ア式蹴球部（サッカー部）時代には、自分のプレースタイルやゴールシーンを編集したプロモーションＤＶＤを作成し、複数のクラブに送り、積極的に自分を売り込んだ。

「いろいろなクラブから、さまざまな反応をいただきました。相手チームのＧＫが下手すぎて参考にならないと言われたこともありましたが、ファジアーノ岡山から『練習に参加してみないか？』と言ってもらいました」

チームは二〇〇八年にＪ２昇格を決め、勢いがある。社長の木村正明氏も東大サッカー部出身だった。ラッキーな巡り合わせも少なからず作用したようだ。

「たくさんの人の助けで、東大の四年でファジアーノ岡山の特別指定選手として登録されました。そして待望のオファーをもらったんです」

（文・長田渚左）

# 第六章 勝負脳の鍛え方

——柳澤久

**柳澤久【やなぎさわひさし】**

一九四七年七月二三日生まれ。長野県出身。三井住友海上女子柔道部監督、電気通信大学名誉教授、講道館評議員。東京教育大学(現 筑波大学)を卒業後、千葉工業高校教諭、筑波大学文部技官・準研究員を経て、電気通信大学教授。七七年に講道館女子部指導員となり、八八年ソウル五輪女子代表監督などを歴任。八九年より三井住友海上女子柔道部監督。

## 〝三井住友大学〟の異名

日本を代表するトップチーム、三井住友海上火災保険株式会社（以下、三井住友海上）の女子柔道部が〝三井住友大学〟という異名で呼ばれているのをご存じだろうか。試合での結果が求められる実業団チームだが、厳しい稽古以外に、徹底して勉学させることで知られている。

創部以来の監督である柳澤久が、柔和な眼に力を込める。

「勉強がなぜ必要なのかという一番の理由は、試合でカーッとしてしまって、頭が真っ白になってしまわないようにするためです。いつも脳の中に刺激を与えて、さまざまな引き出しを増やす。脳の中を鍛えているのです」

## 英会話、教養講座に週末のレポート、課題図書

主なスケジュールは、水曜日に英会話スクールより先生を招き、日本語を使わない授業を二コマ。

金曜日の午前には、教養講座があり、ゲストスピーカーから話を聞く。ゲストは、金融関係の専門家や諸外国に駐在した大使などで、選手にとっては大半が未知のジャンルだ。

スピーチを聞いた後、週末には内容をレポートにまとめて、翌週の月曜日に提出する。ゲストが来ない場合は、前日までに新聞の社説や論説記事が配られ、各自が予習をした上で朗読会、討論会が開かれる。

さらに記事に使用されていた漢字の書き取りテストも行われ、その答案はすべて壁のボードに貼り出される。

そのほかにも月に一、二冊の課題図書が挙げられ、選手一人ひとりが書店で購入して読書する。その本の章ごとの内容については、上級生が設問を作成して、記述式のテストも実施する。

課題図書は、井上靖、梅原猛、茂木健一郎……など話題本から古典まで幅広い。

肝心の柔道の練習は、週末を除いて夕方より毎日四時間。

実業団に所属するスポーツ選手は、月に一、二回しか会社に行かないというところもある。だが、三井住友海上のスポーツ支援は昔ながらの〝実業団スタイル〟なので、選手は全員が社員雇用で、昼間は他の社員同様に朝九時から仕事に従事している。

## 〝一芸に秀でた者〟になるか〝柔道バカ〟になるか

柳澤監督は「柔道さえやっていればいい」という考えを強く否定する。

「人生で、競技者として生きていられる時間は決して長くない。現役を終えてからのほうが、ずっとずっと長い。だから現役後をつつがなく送るために、今から勉強しておくのは当然のことでしょう。柔道はプロスポーツじゃないのだから、柔道だけやっていたのでは、その後の人生を生きられない。

最近、一芸に秀でていることを尊ぶ傾向が強いけれど、おかしいですよ。まず、全般的にある程度の教養を持ち、その上で秀でたモノのある人を〝一芸に秀でた者〟と言うのです。一般的な教養がなくて柔道の能力しかない者は、それは単に〝柔道バカ〟ですよ。柔道バカが柔道をやめてしまったら何になりますか。一般社会では相手にされませんよ」

## 漢字テストで「体得する」感覚を覚え込ませる

そして若い世代に対しては、強い危機感を募らせた。

「今の若者は、ゆとり教育で育ってきた世代なので、修練の時間が希薄です。人の基本は〝読み、書き、そろばん〟ですよ。基礎力が弱い上に、モノゴトを体得する方法論も弱い。

柔道場の壁には〝己《き》盡《じん》〟(おのれをつくす)という言葉を掲げてあります。勉強も柔道も同じです。柔道の技も毎日毎日、練習して、何千回、何万回も稽古して、血肉にしてしまえば、試合で意識する前に体が動いて技が出る。

ほら、九九を習ったときも7×7=49、7×8は、エート、エート何だっけ?って、初めから振り返っていたら、もう遅くてどうにもならないでしょ。一瞬にして答えが出るまで、一生懸命身につけたはず、あれですよ。

うちでやっている漢字のテストで、満点をとるまで徹底してやらせるのは、体得、習得することを覚えてほしいからです。そうすれば、その後で応用が利いて自信にもなるのです。

勉強はもの凄く大切。何かの型にはめ込む教育はよくないけれど、良い方向に行くレールは敷かないとならない。たとえば本を読むクセをつけることね。みなで同じ本を読むことで、本に親しみ、読書の習慣がつく。クセをつけないと、今の時代は特に本を読まないでしょ」

柔道の練習は熱心にやってきていても、勉強をあまり大切だと思っていない人が多いのだろうか。

「その通り。うちの柔道部に入ってくるのはみな高卒ですから、せめて四年間、大学に行くぐらいの時間は、せっせと教養をつけさせる。柔道は他のジャンルのスポーツとは違う、『柔道だけでは生きていけない』と、噛んで含めるように一人ひとりに言いきかせるんです。

入部して最初の課題図書は、井上靖氏の自分の柔道体験を題材にした『北の海』上下巻で、感想文を提出させます。字が汚いと、読む前に書き直しを命じます。人に読んでもらえるくらいの字を書けないと、生涯において困りますからね。

いずれ結婚して子どもを産んだときに、自分が勉強したことがないのに、『勉強しろ』

って言えないだろうとも言います。自分に実感がないと、子どもに『勉強しなさい』って言ってやれないじゃないですか」

## 世界一を目指すロードマップを示す

柔道が強くなりたくて実績のあるチームに入ってきたのだから、柔道の練習にだけ精を出したいという選手はいないのだろうか。

「柔道が強くなりたい一心で当部に来る。だから柔道を強くするのは当然なのです。だから世界一を目指す六年計画のロードマップを選手一人ひとりに示します。たとえば、何年後かのオリンピックに出るために、その前年の位置取り、その二年前、三年前に自分がどうなっていなくてはならないか、ですね。そしてそれぞれの年の目標とする試合を何にするかという話し合いを、入部したときにします。

柔道場へ来ている四時間は柔道のことだけに集中します。でもそれは競技者である者にとっては当然のルーティンです。

問題はそれ以外の刺激です。新しいことを思考し、自分の脳でまとめ上げることの練習がプラスαになります。書かせるし、読ませるし、しゃべらせる。五感を総動員する。過去には、不平不満があったり、ついてこられなくてやめた者はいたけど、今はいないなあ。世界一になったり、オリンピックでメダルを獲ったりした先輩が、みな同じようにやっていたのが分かるから、自分も……と思うのじゃないのかな」

すると、柔道部で最も強かった者が、勉強の成績でもNo.1ということなのだろうか。

「いいえ、それはそんなことはない（笑）。人間はそんなに単純にはいかない。でも近い将来は、その二つは一致するはずなのです。

そういえば、アテネ、北京五輪と二大会連続で金を獲った上野雅恵が、ある専門学校に通いはじめたら、その学校で雅恵が一番漢字が書けるって嬉しそうにしていた。『最近の若い子はダメです』って言ってましたね（笑）。

ともかく、何が何でも一生懸命やることを身につけてほしいんですよ。〝己盡〟です。だからこそ、現役をやめるときにも、『こんなに一生懸命やったのだから、お前は大丈夫だよ、違うジャンルや異なる生活になっても、充分、立派にやっていける』と送り出せるのです」

### あっという間に韓国語を話せるようになった金メダリスト

生きる上で、自分の進む道を狭くするな、自分の可能性を信じなさい、やればできる！　そう言い続けてきた柳澤監督だが、「そんなことができるのか!?」と、目を丸くした出来事もあった。

「一九九六年のアトランタ五輪で、日本の女子柔道で初の金メダルを獲得した恵本裕子です。彼女はあるとき韓国の柔道選手を好きになった。合宿中にみなでけしかけて電話をかけさせた。そうしたら電話口で韓国語でペラペラしゃべるんだ（笑）。びっくりしましたよ。

何で急に恵本が韓国語をしゃべれるようになったのか。もちろん本気で話せるようになりたいと思っていたからでしょ。電車の中で韓国語をしゃべっている女の子二人を見つけて、追いかけて『教えてください』と頼み込んだって言うんですよ。それで、毎週末その女の子のところへ習いに行っていた。アッという間に言葉に不自由しなくなって韓国に嫁に行っちゃった（笑）。何という行動力かと思った。

可能性を広げなさいとは言っていたが、まさか、ここまで自分を変革できちゃうのか？　と心底、驚きました」

柳澤監督いわく、

「女の子は、その気になると本当に変わりますよ。小さな点と点が結びついて、そこに線が生まれるように急成長することがあります。不思議なくらいに変わりますね」

## 資格試験に受かって柔道にも欲が出た女子選手

一生懸命にやることさえ身につければ、独自の方法で人は、羽ばたけるようになるのか？

「うちの会社は現役を終えて、実家のある地方都市に戻っても、日本中に支店があるので、そこでまた勤務します。だからそのためにも保険資格を取るように薦めているんです。

ところがあるとき、生保資格試験に三度も落ちた子がいて、みなで頭を抱えました。部門の担当課長も心配して、毎日のように柔道場まで来て勉強をみてくれたりしてね。その努力が実って、ついに受かったんです。そうしたら、その子が『初めて勉強の仕方というものが分かりました』って胸を張った（笑）。

その後は変わったね、何か摑んだのね。自分から積極的に本を読むようになった。勉強することで、いろいろ分かって面白くなったんでしょ。そうすると、どしどし自分で進みだすから鬼に金棒なんです。

その後は、あらゆる面でぐんぐん伸びました。柔道にも欲が出て、自分で勝手にビデオをひっぱり出して研究するようになった。繰り返し繰り返し、ビデオを見て、何か探そうとするようになっていった」

## 負けから学ぶために報告書をつくらせる

しかし、探究し、研究し、それでも結果が良くないこともある。そのときがまたチャンスだと、柳澤監督は言う。

「負けても、一生懸命やった結果としての負けだと、必ず実になるものを摑める。学ぶことができます。そのために、小さな大会なら二〇ページほど、オリンピックのような大きな大会ならば四〇ページ以上の報告書を、選手の手でつくらせます」

会社の広報が作成するものとは別に、選手たちの手で、自分たちの戦況や試合の内容を書き、自分の反省点も書き添える。

「負けたら負けっぱなし……が一番良くない。書き記して、反芻《はんすう》することで、客観的な目が持てるようになる。自分の試合を文章化することで頭の中が整理されますからね」

以下は選手自身の手による二〇〇八年北京五輪の報告書である。五二キロ級の担当者は当時一九歳の中村美里選手。彼女はこの大会で銅メダルを獲得し、自身の手で報告書を書き記している。

《一本勝内容》
投技６本　一本背投2、払腰、双手刈1、出足払1、朽木倒1
固技３本　横四方固1、縦四方固1、裸絞1
その他６本　合せ技6

《結果》
1位　洗東妹（中国）、2位　アン・クンエ（北朝鮮）、3位　中村美里（日本）、3位　S・ハッダド（アルジェリア）、5位　金京玉（韓国）

《分析・特徴》
この階級は31試合行われ、そのうち一本での勝敗は15試合（48・4％）。その内訳は投技が6試合（40％）、寝技が3試合（20％）、合せ技が6試合（40％）だった。アジア選手の入賞が目立った。

《担当者感想》
52kg級は中国選手が強い。アテネ、カイロ、リオデジャネイロ、北京とすべて中国の選手が優勝している。アテネと北京は同じ選手で、他の2大会は違う選手だった。中国には強い選手がたくさんいると思うので、無名の選手が出てきても注意しなくてはいけないと思った。（中略）寝技での一本勝ちが少なかったので、しっかり返して一本をとれる技を身につけたい。立技では、足技に加えて一本をとれる技を習得したい。

## 「柔道をやっていたから仕事ができない」はナシ

柳澤監督はさらに言う。

「五輪や世界選手権などでメダルを獲れることはすばらしいことに違いない。しかし、それだからといって『自分は特別』みたいな勘違い人間になってほしくない。つまり選手自身が『自分は柔道部だから……』という甘さを会社で見せ、職場からも『あの子は柔道部だから仕事ができない』と思われてしまったら、互いに発展しないし、柔道部を応援しようという気が会社側にもなくなる。

だから話は戻りますが、いつでも、どこでも何でも一生懸命やる人間、〝己盡〟でないとならないのです。そのためにも勉強してほしいし、たくさんの本も読んでほしいのです」

ひとつ大きく息を吐くと、柳澤監督は、「最近、嬉しかったんですよ……」と、言葉を弾ませた。

「変に甘えが出るとよくないので、競技者を終えて、現役を退いたら、その子が所属していた部署から、他の部へ移すのが通例なんです。新たに研修を受けて、新しい仕事に臨んでもらう……という考え方です。

だからMという選手についても同じように思っていたら、所属している職場から連絡が入った。『M君はもの凄い努力家で、ウチ（所属部署）の重要な戦力です。かけがえのない人材ですから、どうぞ、このまま引き続き働いてもらいたいです。お願いできませんか』ってね。心のこもった電話でした。本当に嬉しかったですよ。

引退したら、パッと切り替えて仕事に戻れるのが理想ですからね。人として文武両道でいてほしい。柔道をやっていたから仕事ができないは、ナシにしたいのですよ」

（文・長田渚左）

# あとがき

それまで、まったく面識のなかった深代教授の研究室を訪ねたことが、この本が生まれるきっかけとなった。

初めてお目にかかったとき、先生は裸足の雪駄ばきでパソコンをみつめ、長身を折り畳むようにして研究に没頭していた。

壁には墨で大きく「ノミは凄い」とあり、その隣にはサバンナを疾走する巨大なカンガルーの写真が掲げられていた。傍らの本棚には、色とりどりの膨大な数の原書に混じって、著書である『運動会で1番になる方法』が並んでいた。

ノミとカンガルーと運動会の接点とは何か!? まったく別の用件で研究室に伺ったのに、「いったい先生は、何の研究をしているのですか」と、聞かずにはいられなかった。

世界に誇るスポーツバイオメカニクスの第一人者である先生は、それらの相関関係について理路整然と話しはじめた。

それはスポーツ報道に長く携ってきた私が、まさに知りたくて知りたくてならなかった本質的な話だった。

近年、頭と身体、または勉強とスポーツを分けて考え、子どもを育てようとする風潮があるが、二極化してよいのだろうか？

日本では東大を出た五輪代表選手はほとんどいないのに、ハーバード大学を出て五輪選手になった人は二〇〇人もいる。さらにその後に医者や弁護士になる人も珍しくない……。その違いは、いったい何の差なのか？

それについて深代先生は、高速道路を例にして、人の脳の成り立ちを説明した。大変に分かりやすい上に、「やっぱり、そうだったのか!?」と合点のいくことばかりだった。そして誤解や根拠のない思い込み、または思い違いがいかに多いかに気づかされた。

この本で、文武両道は〝特別な人の特殊能力〟だというイメージをもし払拭できれば、日本人は劇的に変化すると思う。人の可能性は誰が決め、何が作用し、またその鍵は何なのかを、ぜひ読んで理解していただきたい。

今、日本には大変に珍しい、東大卒のプロスポーツ選手が二人いる。プロ野球、北海道日本ハムファイターズの松家卓弘《まつかたかひろ》選手と、サッカーJリーグのファジアーノ岡山で活躍する久木田紳吾《くきたしんご》選手だ。

二人を取材すると、驚くことに、それぞれが深代先生の提唱する文武両道のコツを独自で実践していたことが分かった。

また企業に属する実業団チームなのに〝大学〟と異名をとるほど勉強させるトップチームも取材した。三井住友海上火災保険会社の女子柔道部は、厳しい稽古と同列で選手の脳も鍛えていた。

柳澤久監督の、勉強はスポーツに不可欠であるという指導法は、深代先生のスポーツバイオメカニクスや脳科学の実証と見事に一致する。その痛快感を味わってほしい……。

なお本書は、NPO法人スポーツネットワークジャパンが刊行するスポーツ総合誌『スポーツゴジラ』第一五号の特集〝文武両道の可能性〟に新たな取材を重ね、大幅に加筆したものです。『スポーツゴジラ』のこの号は、全国から申込みが殺到して在庫ゼロとなった大ヒット号でした。

それに鋭く目をつけていただいた幻冬舎社長・見城徹氏と、「これをぜひ本にしたい」と即決していただいた編集者・小木田順子氏に心より感謝します。

二〇一二年初春

長田渚左

## 著者略歴

### 深代千之《ふかしろせんし》

一九五五年群馬県生まれ。東京大学大学院教育学研究科修了。教育学博士。東京大学大学院総合文化研究科教授。力学・生理学などの観点から身体運動の理解と向上を図るスポーツバイオメカニクスの第一人者。『スポーツ動作の科学』（共著、東京大学出版会）、『運動会で一番になる子どもの育て方』（東京書籍）など著書多数。

### 長田渚左《おさだなぎさ》

東京都生まれ。桐朋学園大学演劇専攻科卒業。ノンフィクション作家。女性スポーツジャーナリストの草分け的存在として現在も旺盛な取材活動を続ける。日本スポーツ学会代表理事。NPO法人スポーツネットワークジャパン理事長。スポーツ総合誌『スポーツゴジラ』編集長。『復活の力』（新潮新書）、『「北島康介」プロジェクト』（文藝春秋）など著書多数。

幻冬舎新書 248

# スポーツのできる子どもは勉強もできる

二〇一二年一月三十日 第一刷発行

著者 深代千之＋長田渚左
発行人 見城 徹
編集人 志儀保博
発行所 株式会社 幻冬舎
〒一五一-〇〇五一 東京都渋谷区千駄ヶ谷四-九-七
電話 〇三-五四一一-六二一一(編集)
〇三-五四一一-六二二二(営業)
振替 〇〇一二〇-八-七六七六四三
ブックデザイン 鈴木成一デザイン室
印刷・製本所 株式会社 光邦

GENTOSHA


Printed in Japan ISBN978-4-344-98249-9 C0295
ふ-7-1
幻冬舎ホームページアドレス http://www.gentosha.co.jp/
*この本に関するご意見・ご感想をメールでお寄せいただく場合は、comment@gentosha.co.jp まで。